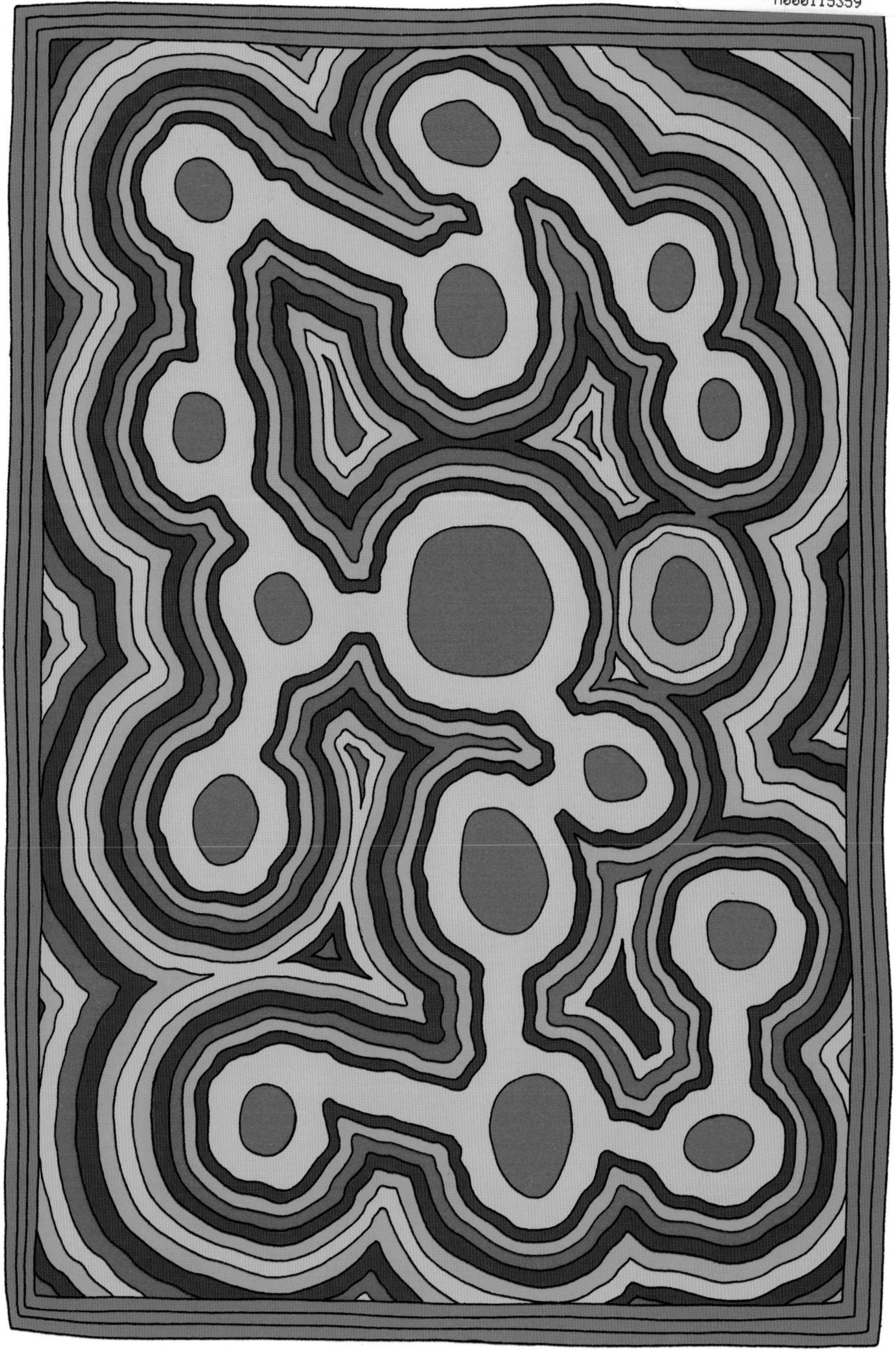

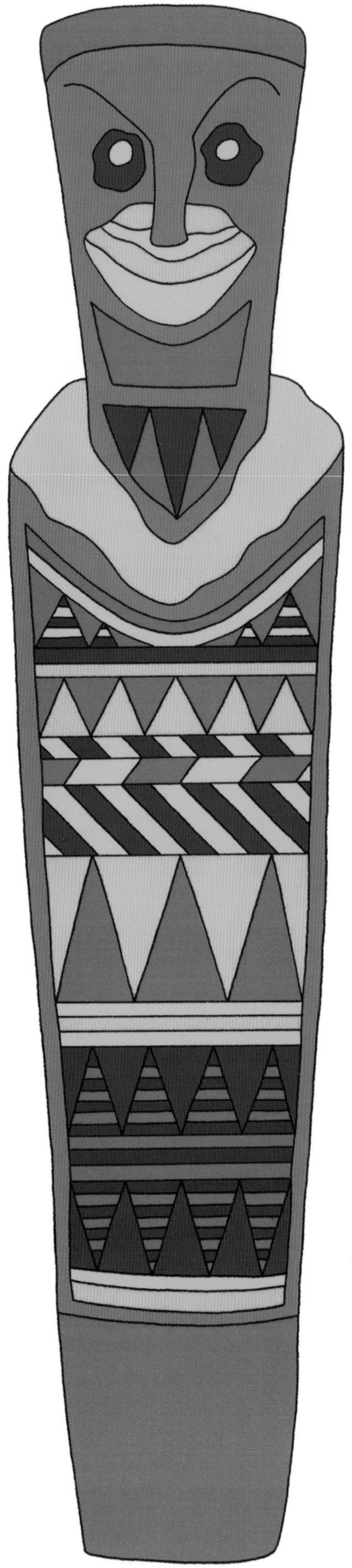

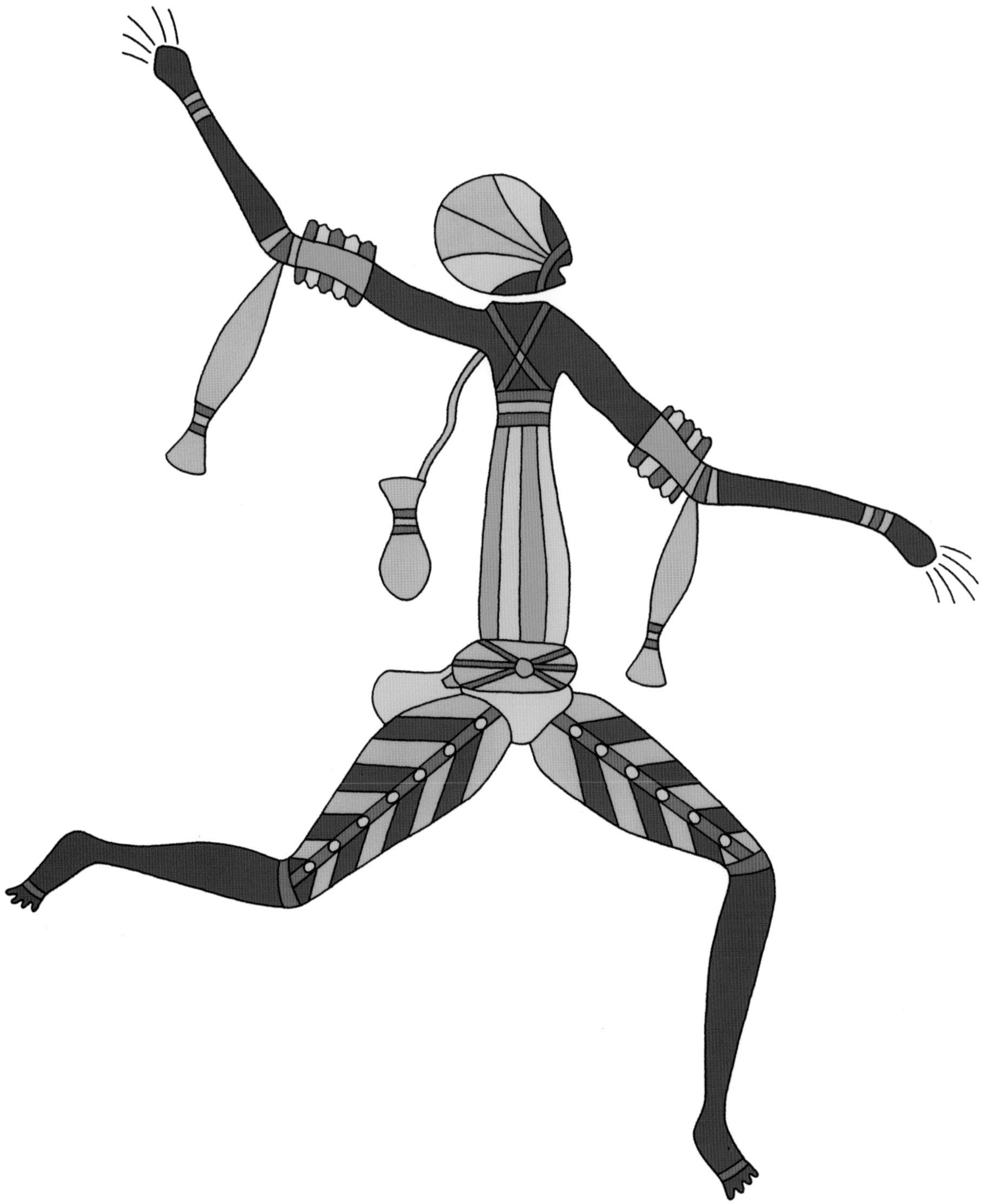

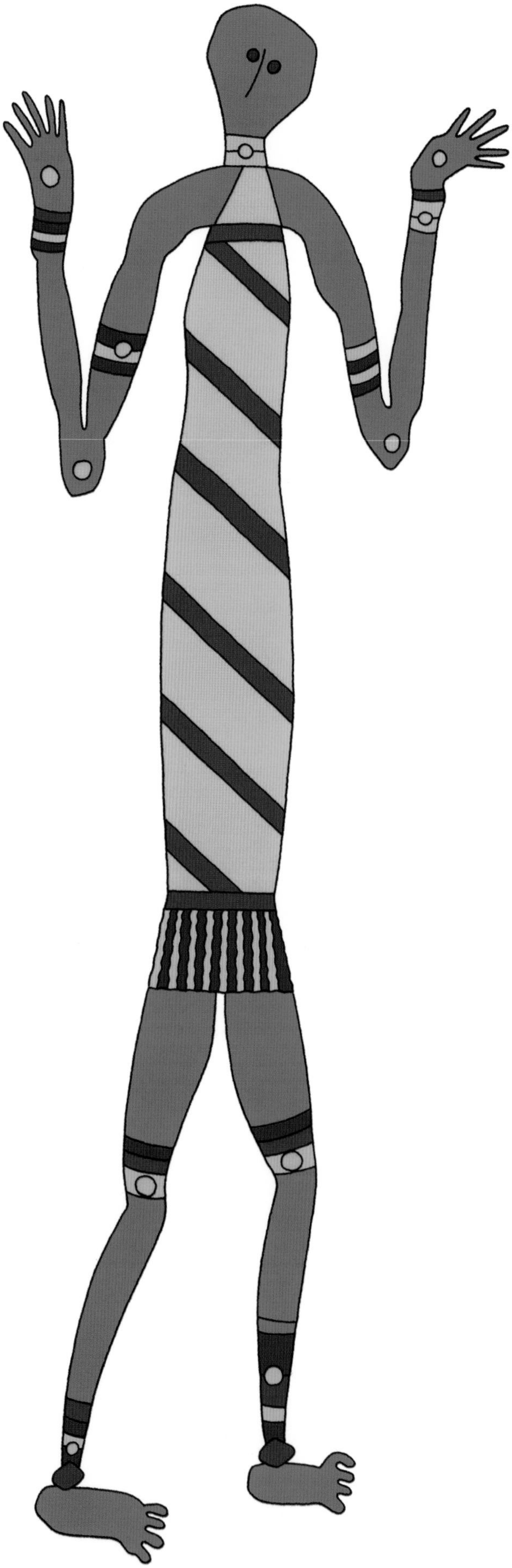

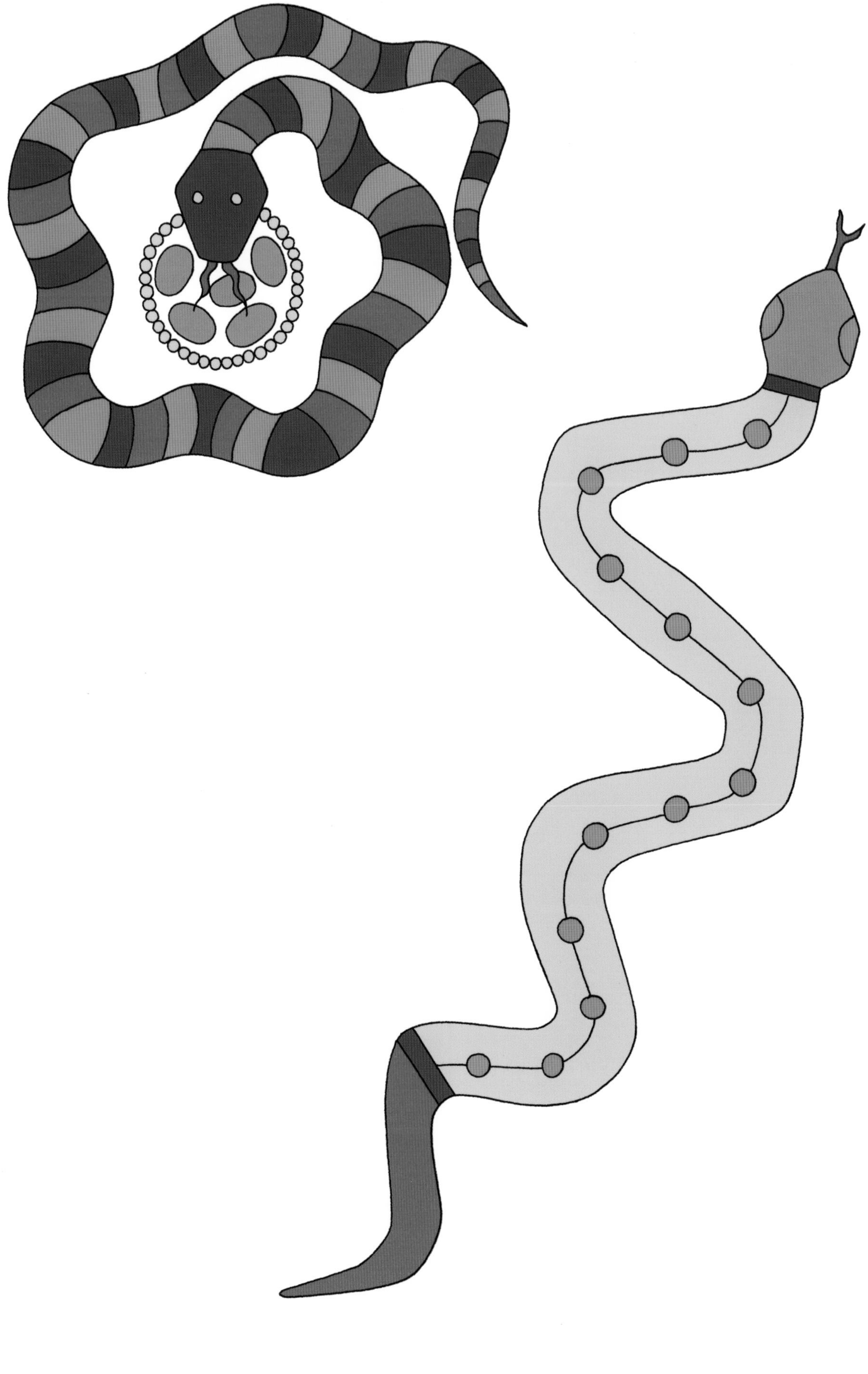

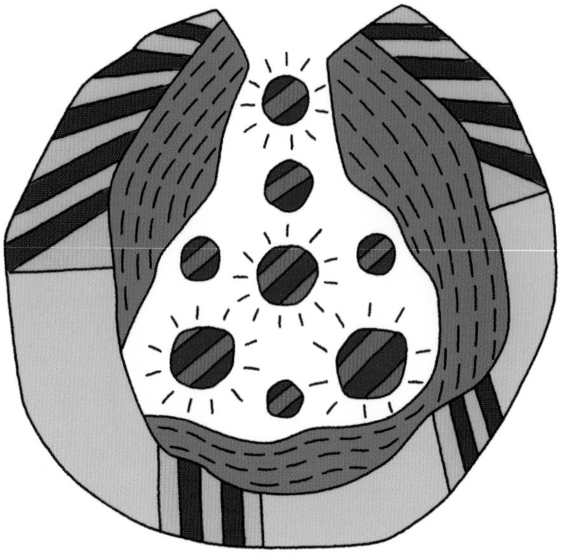

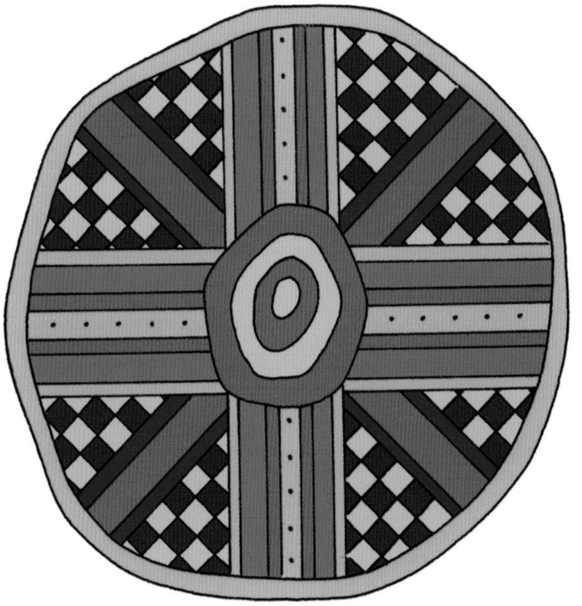

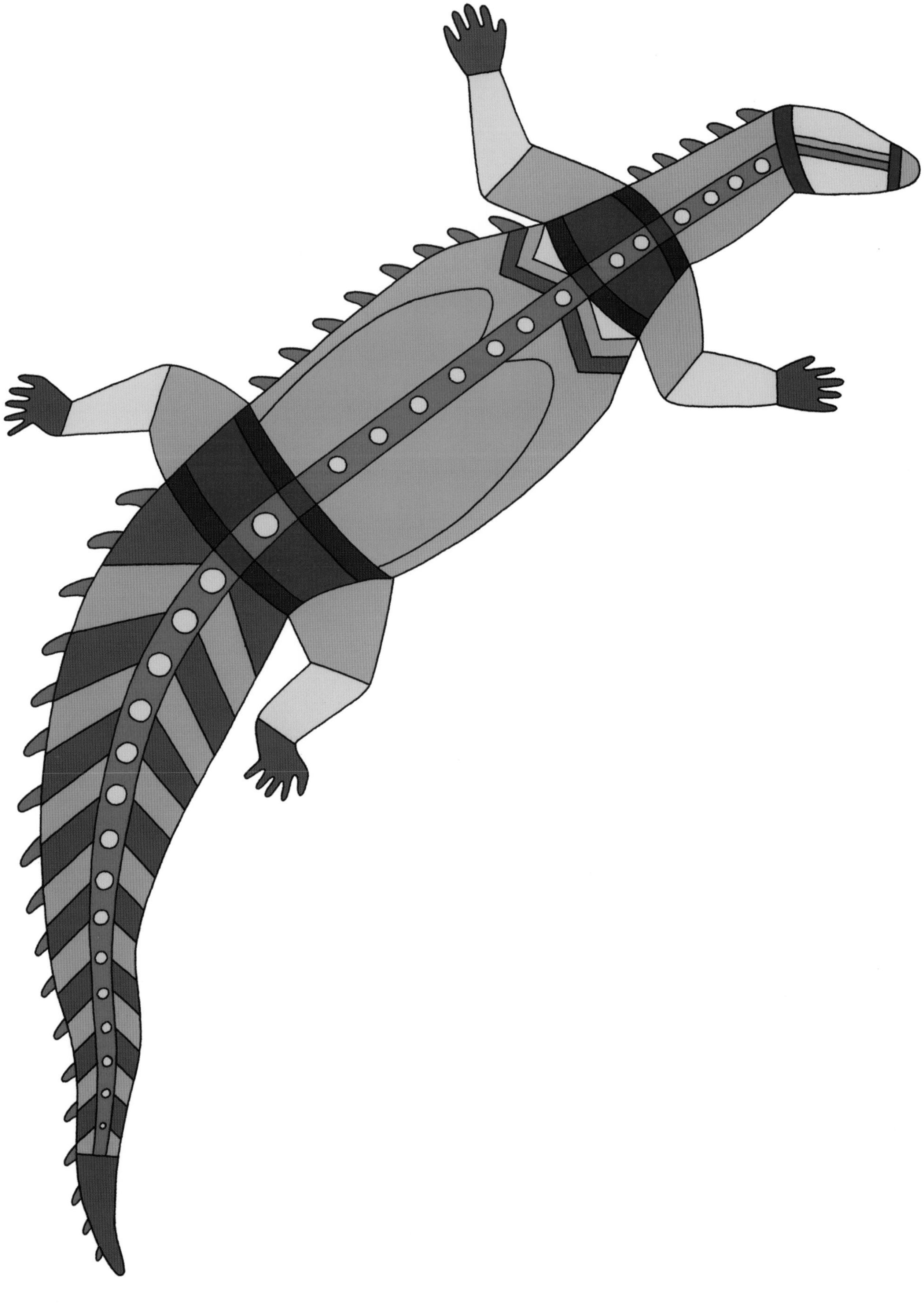

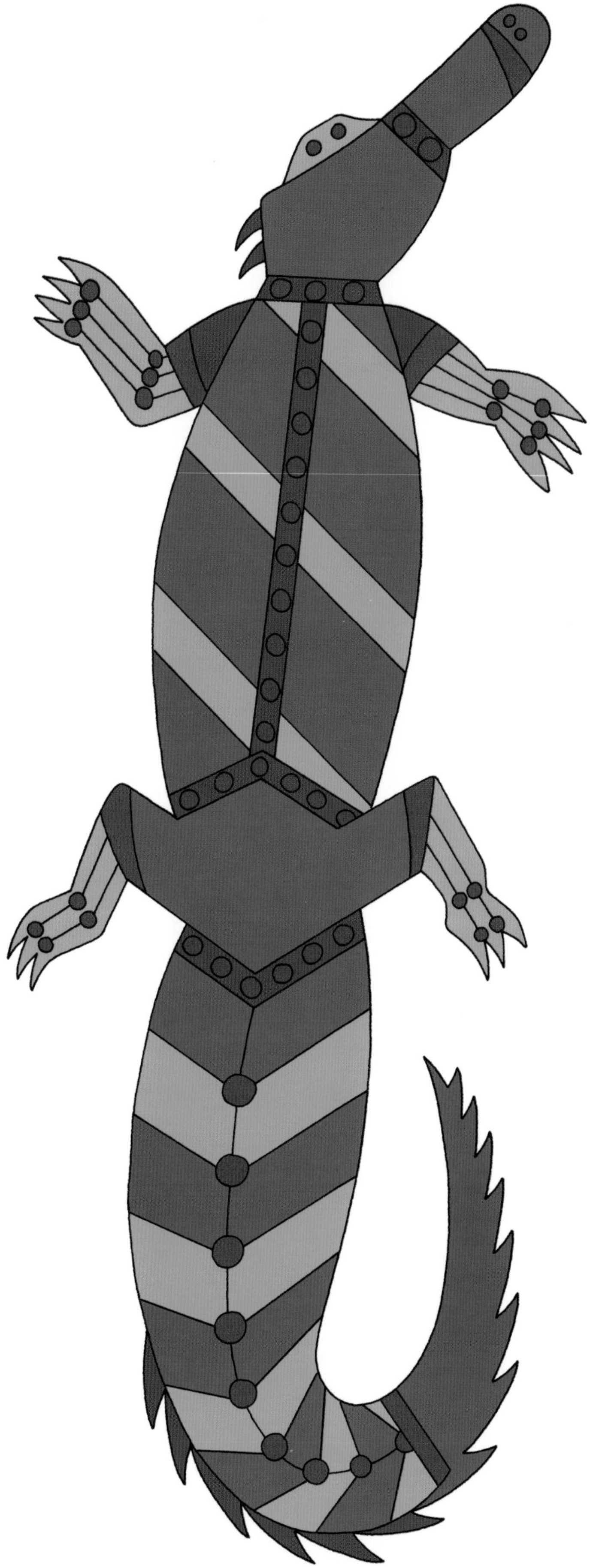

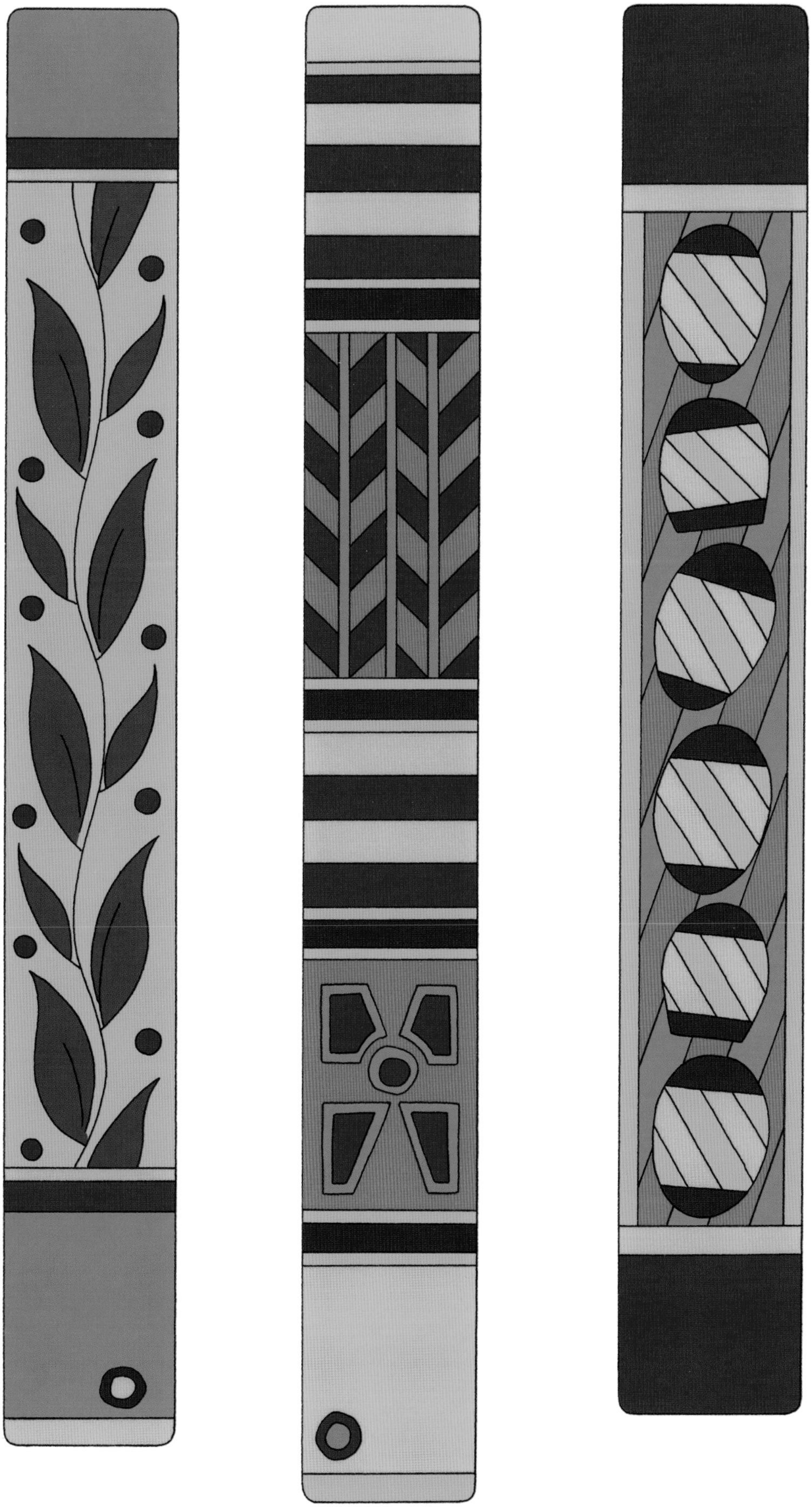

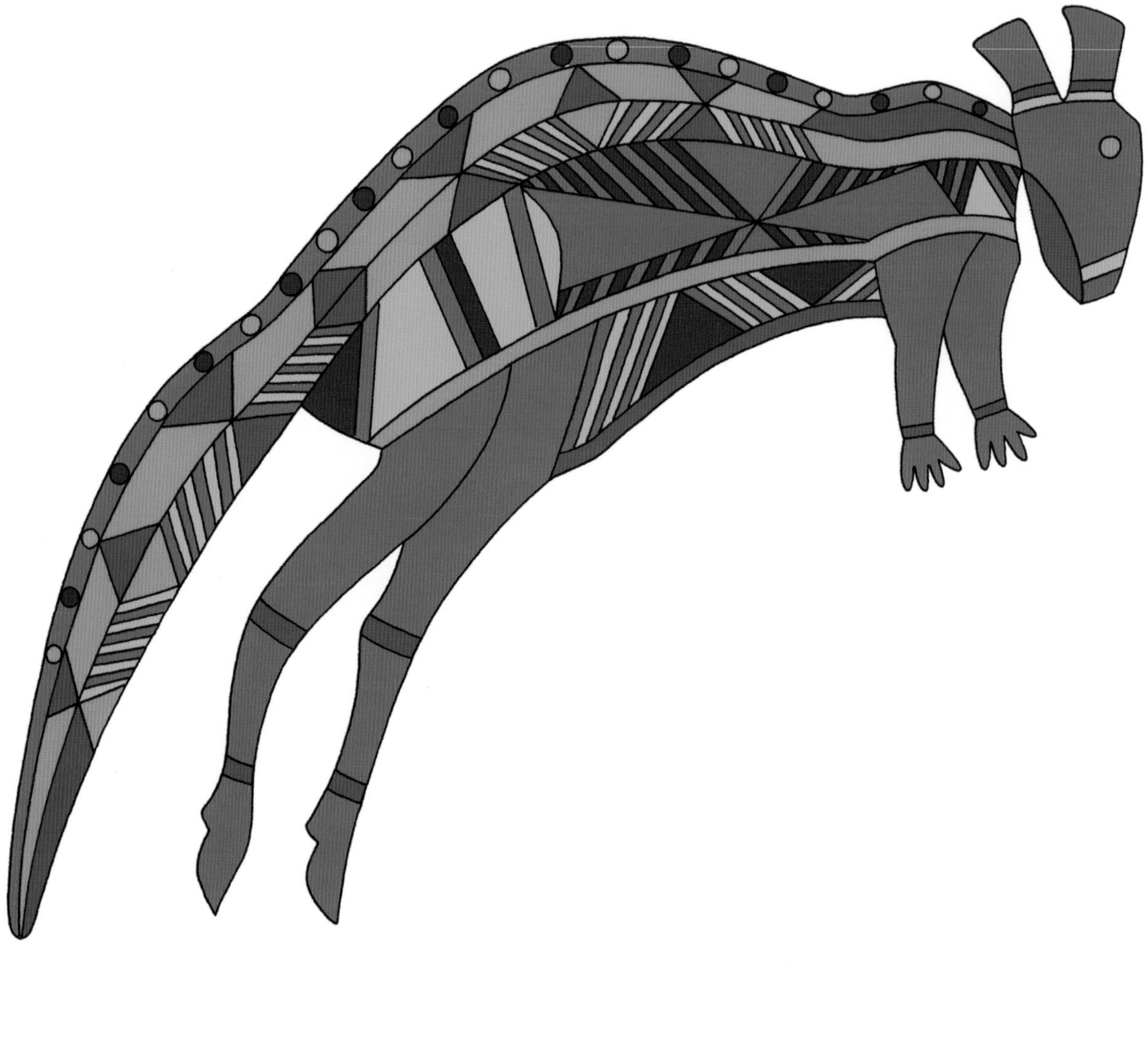

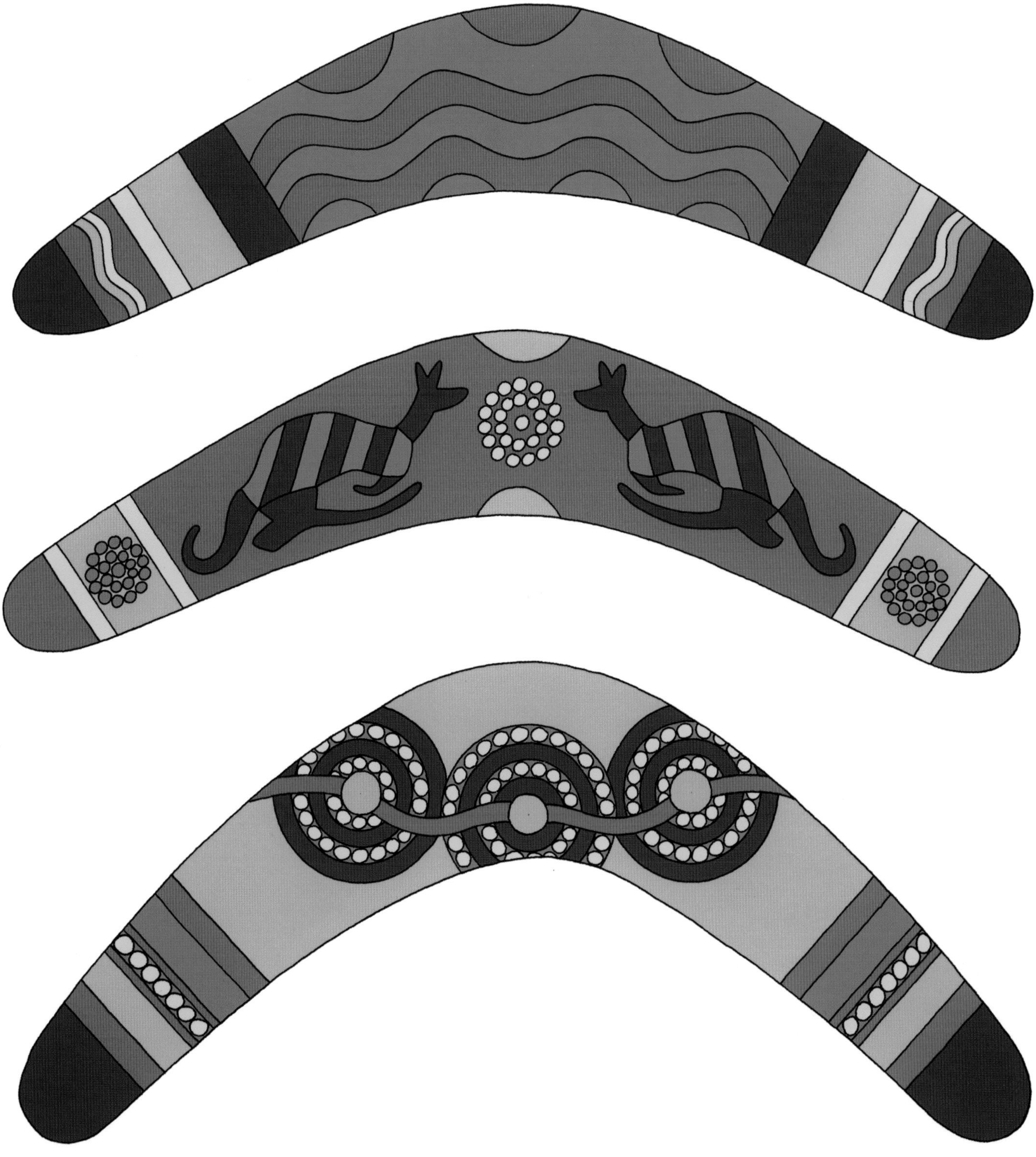

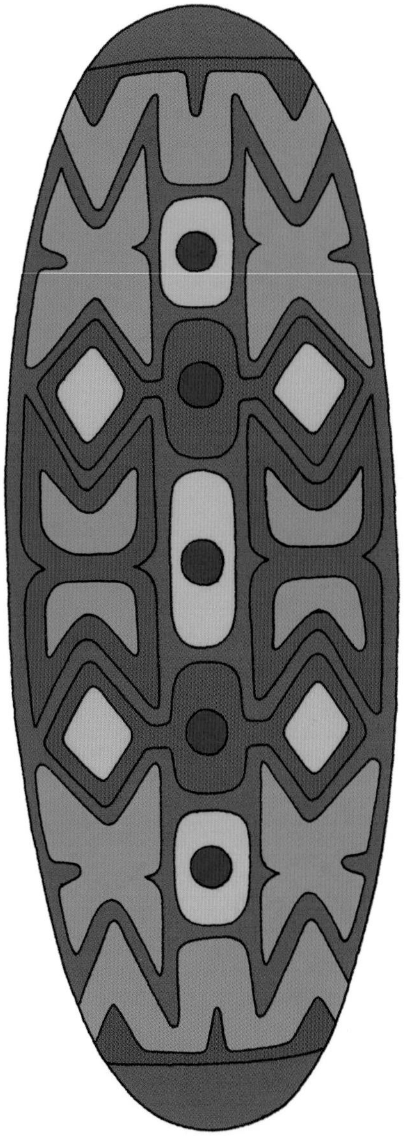

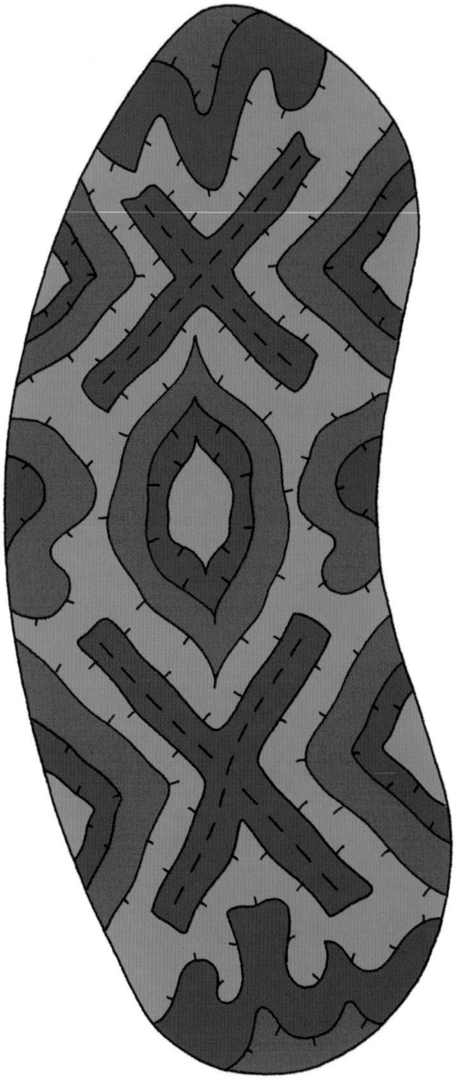

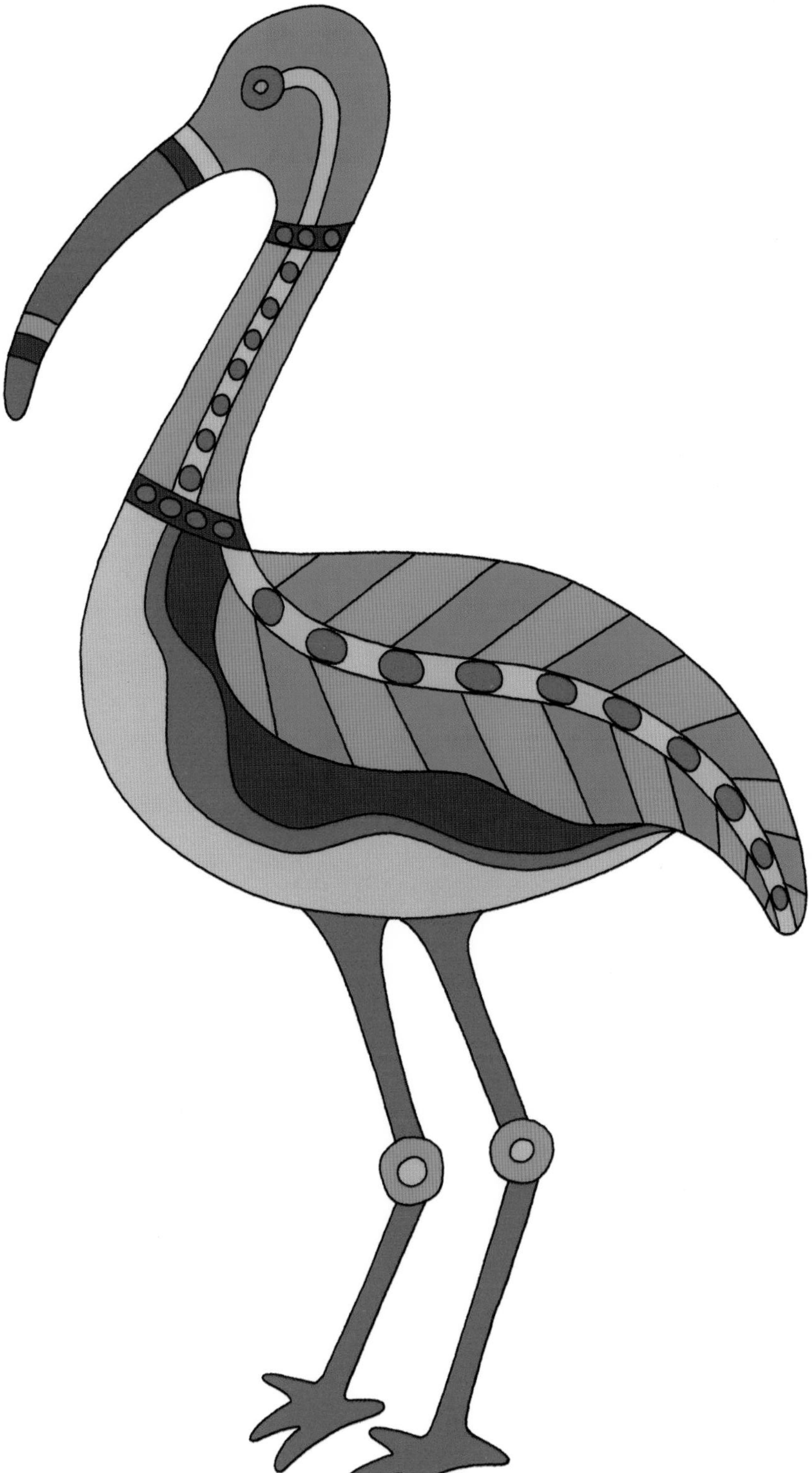

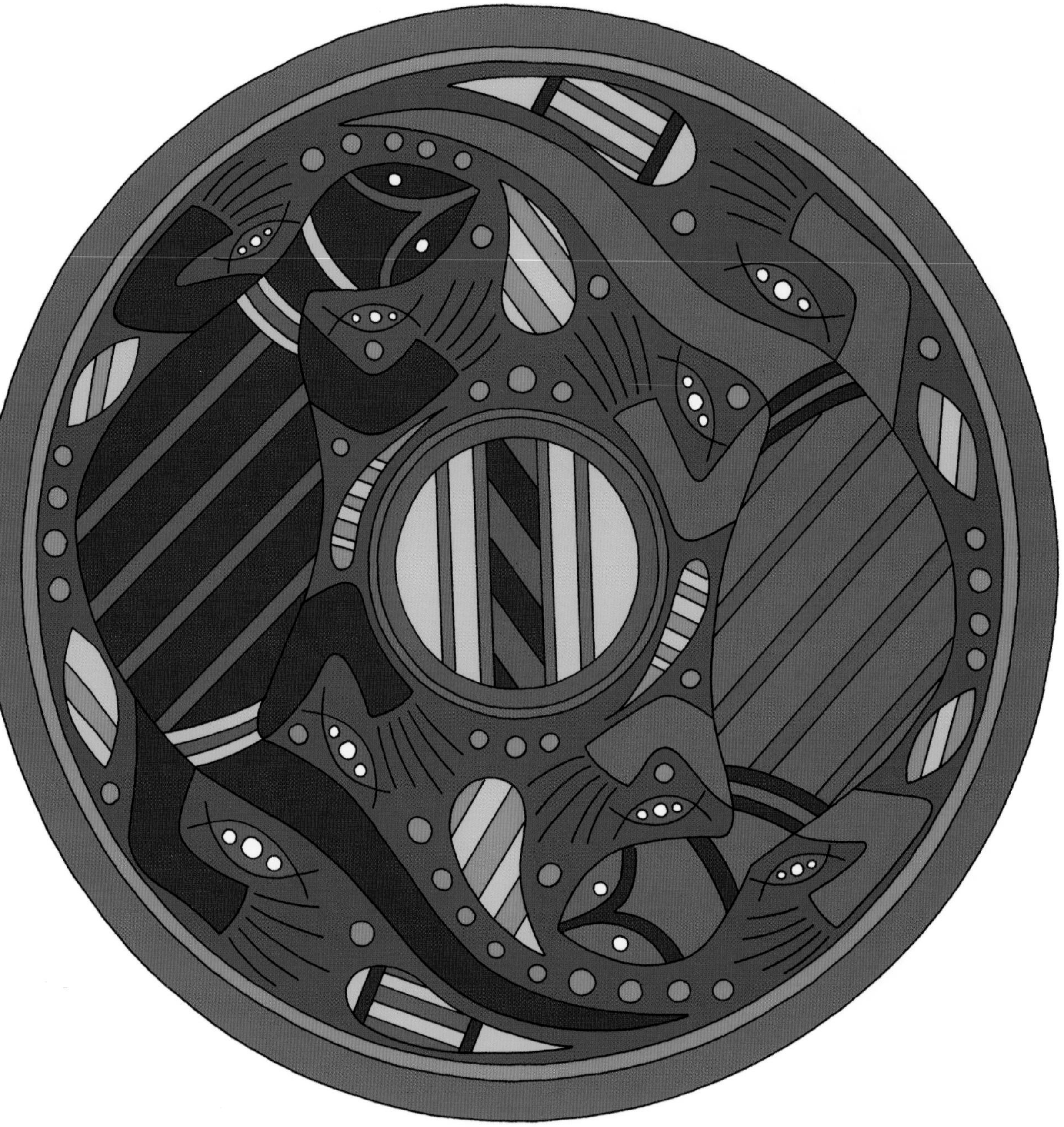

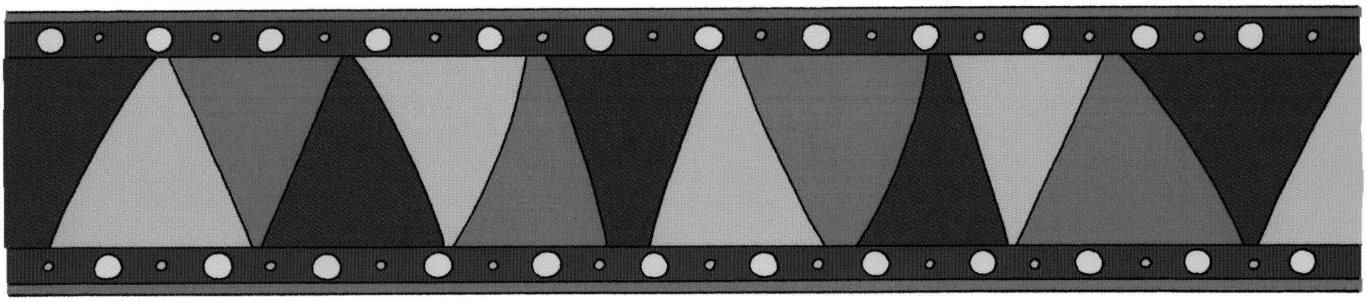

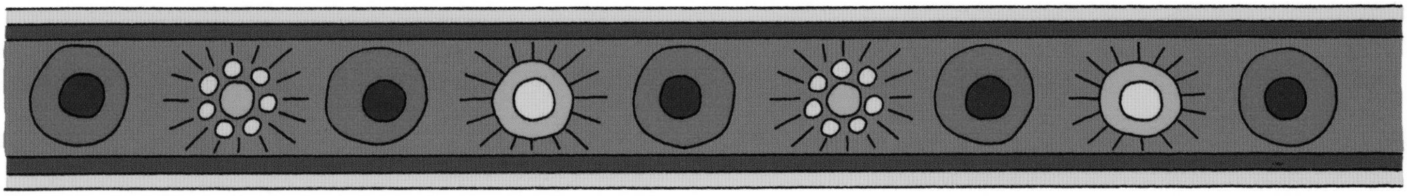

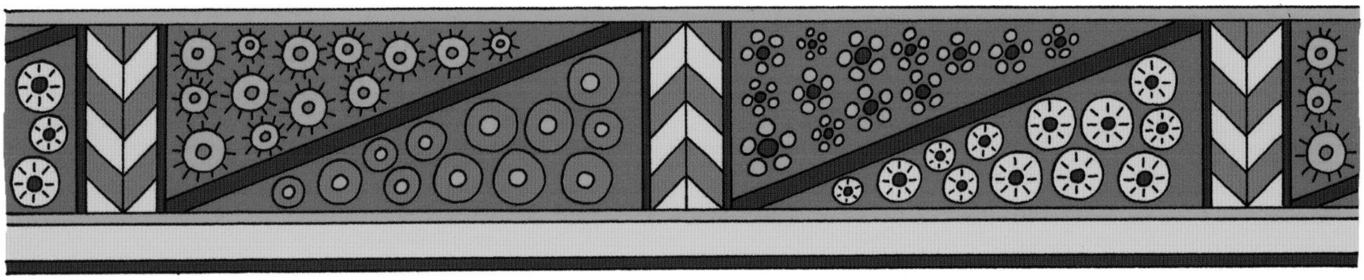

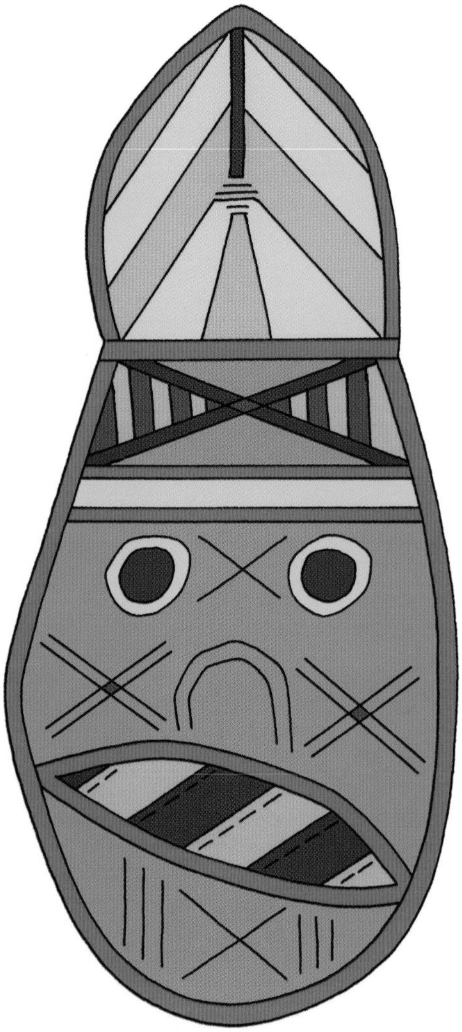

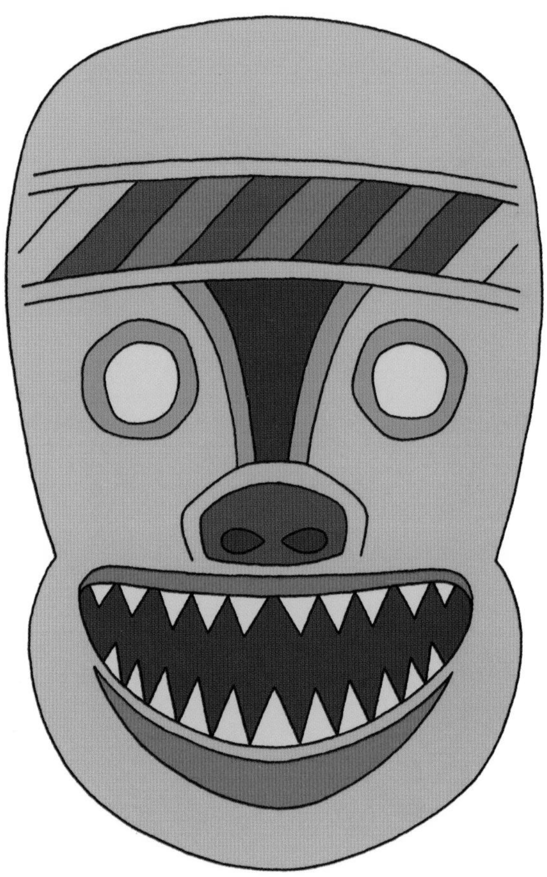

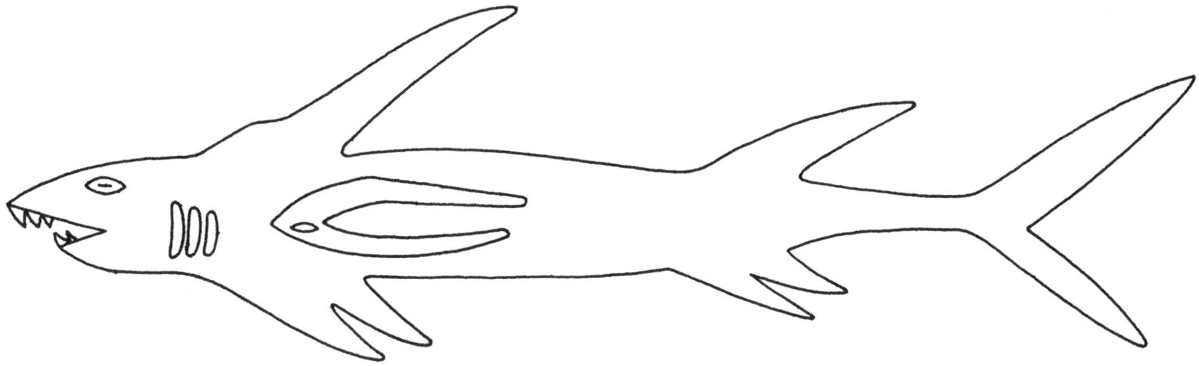

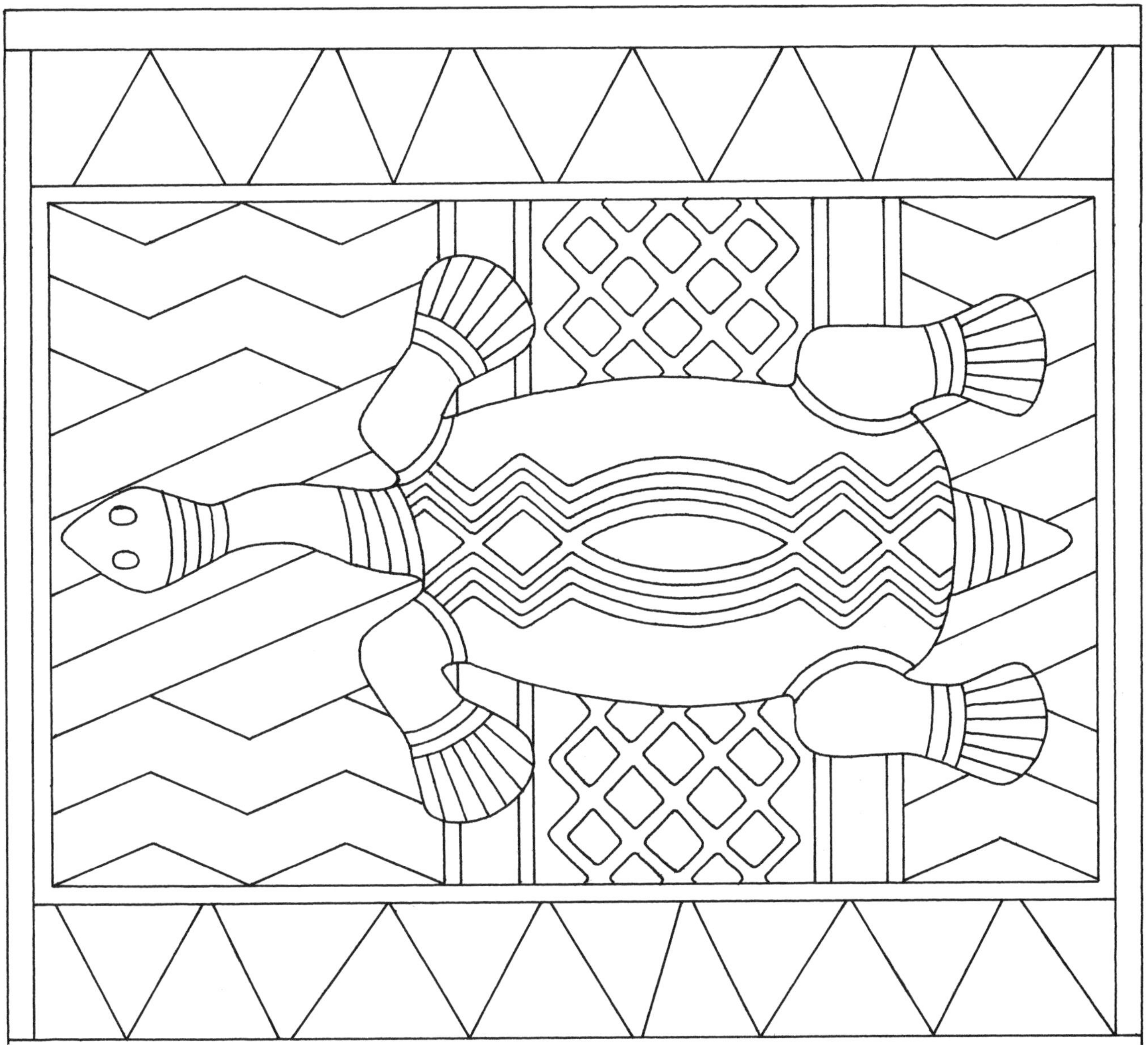

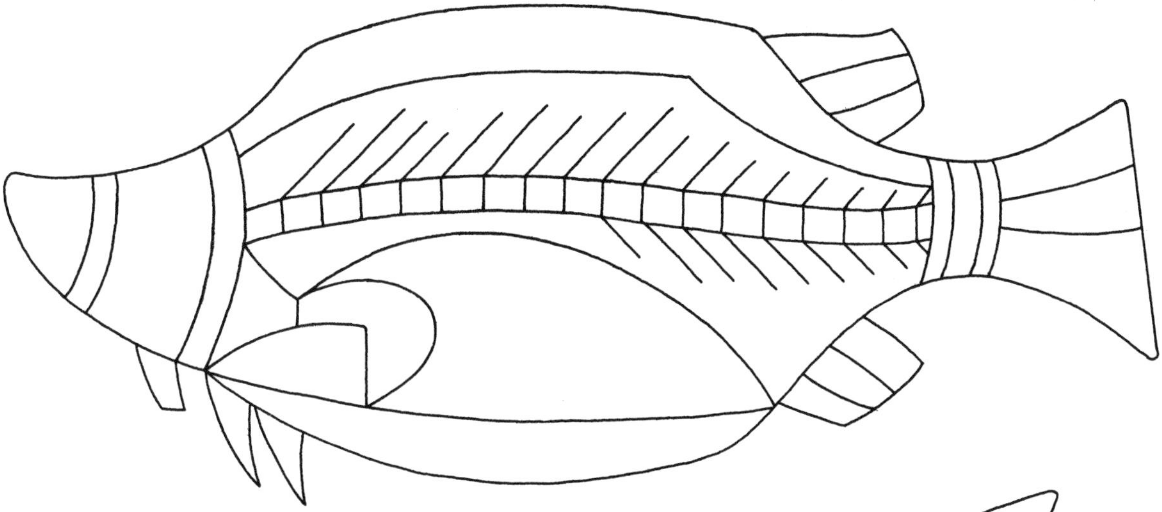
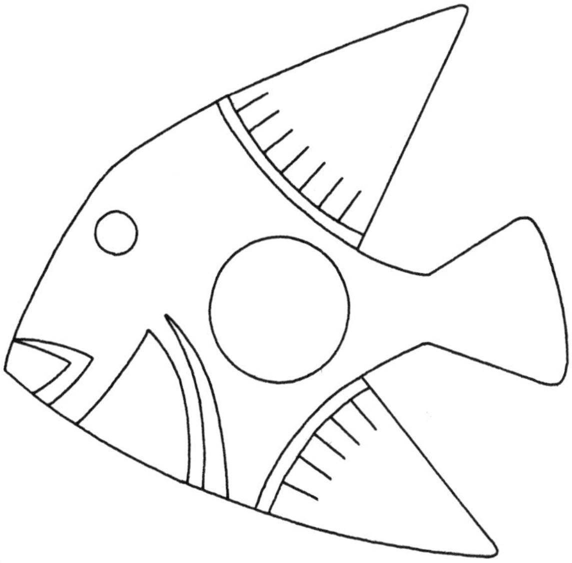
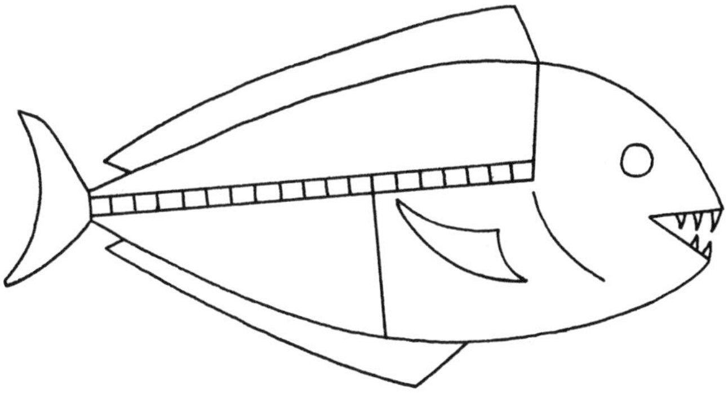
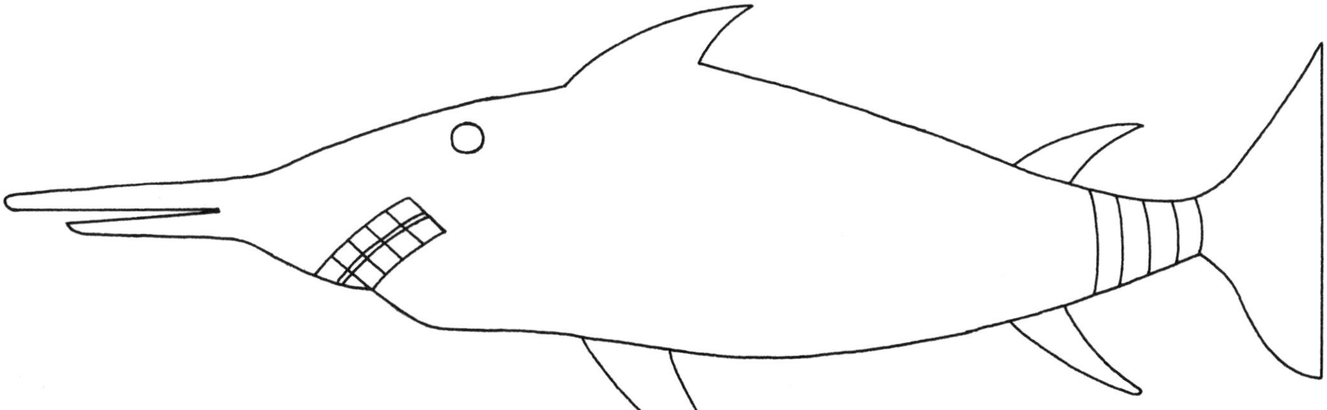

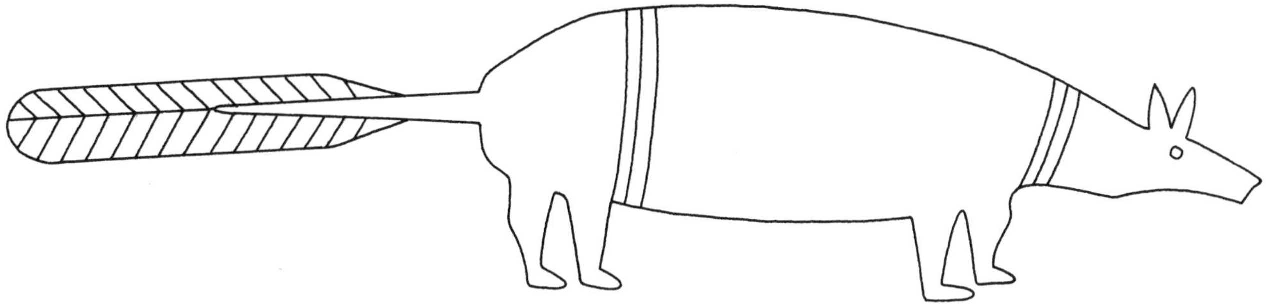

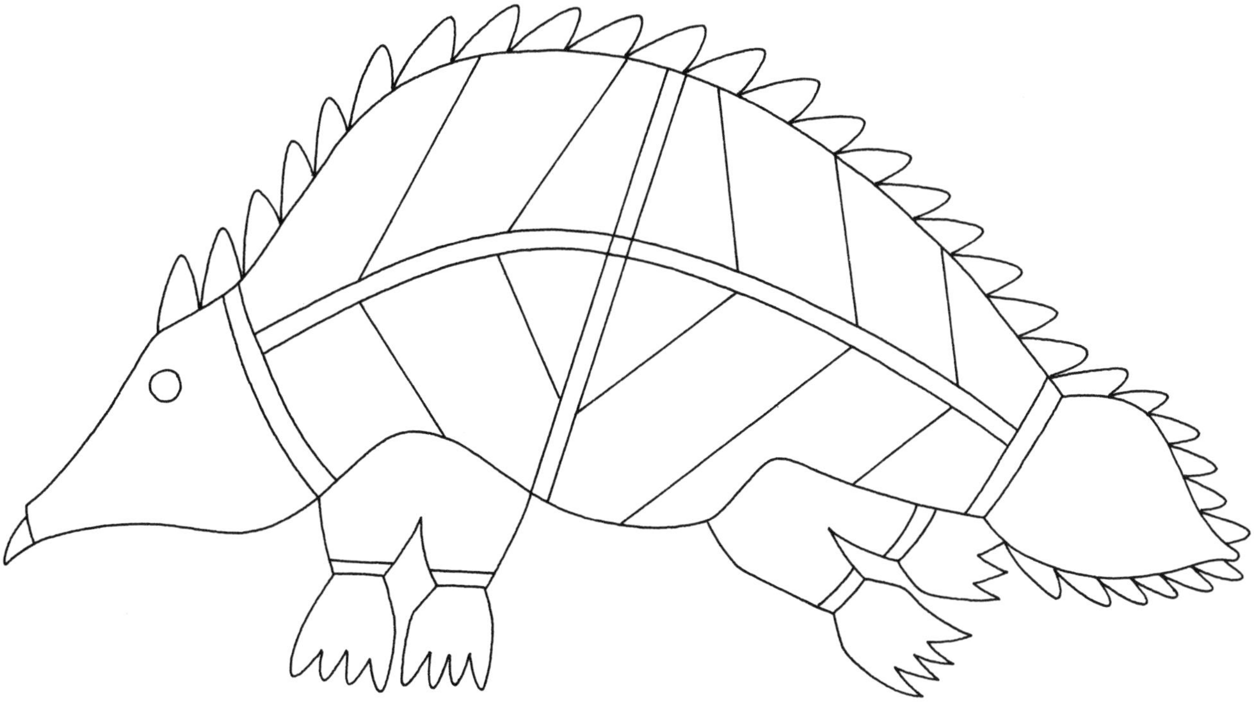

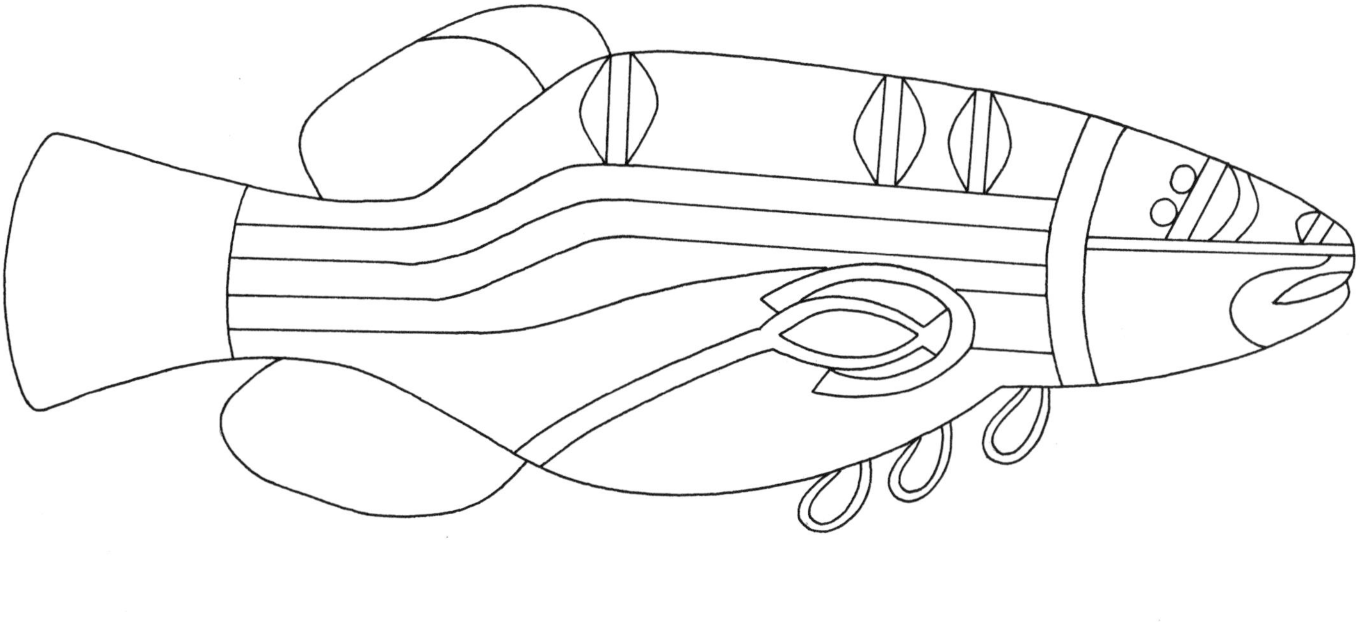

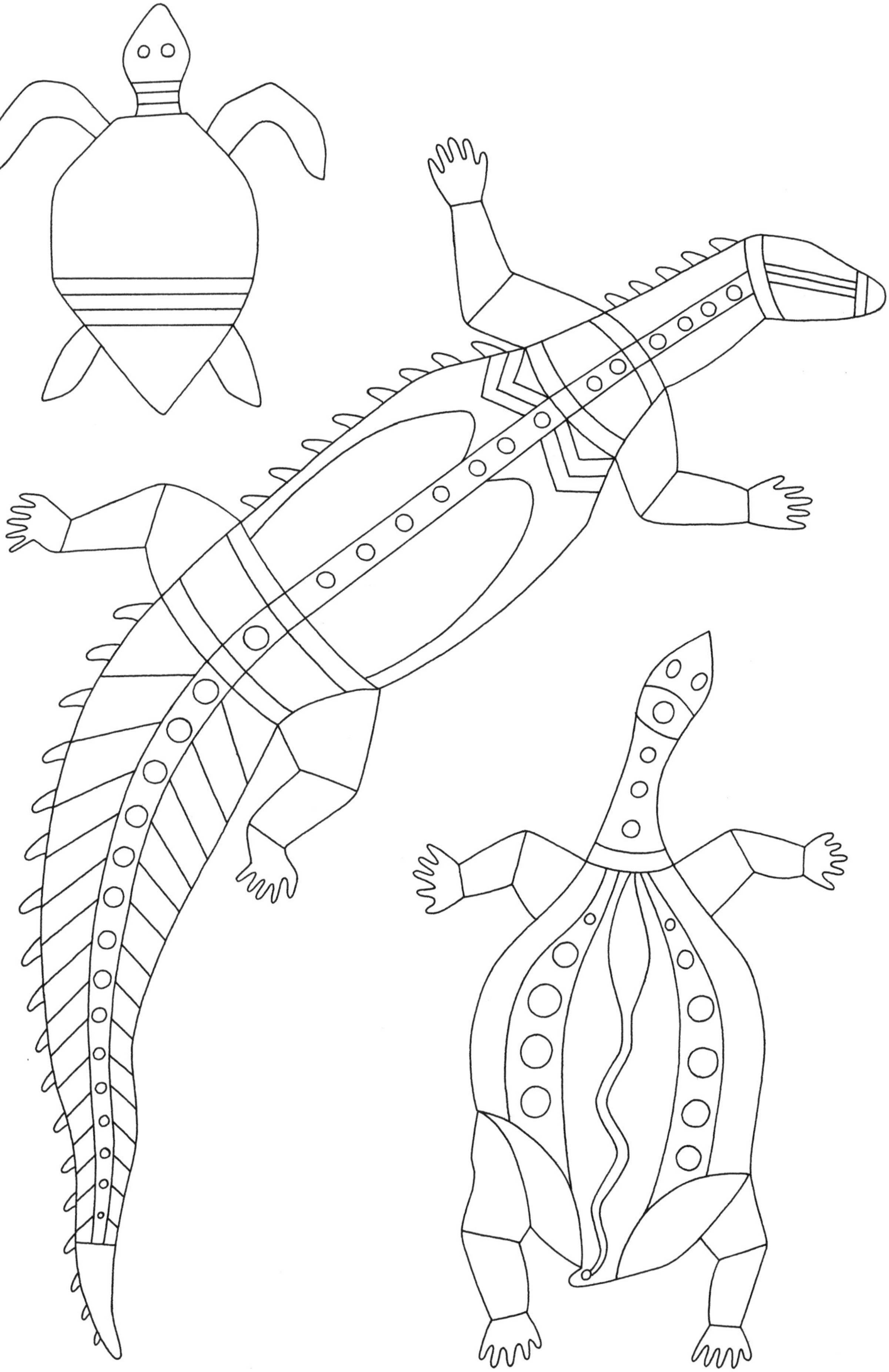

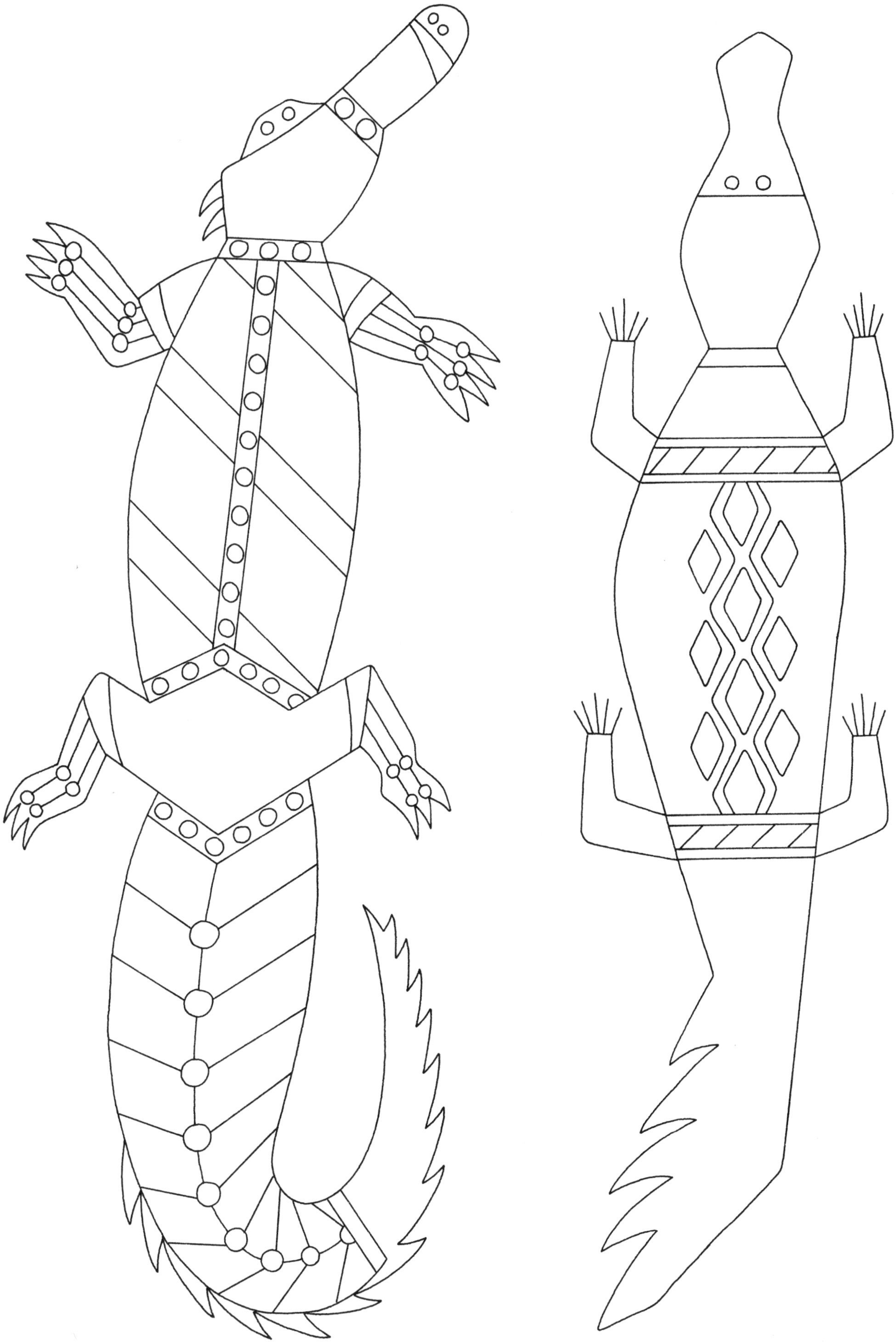

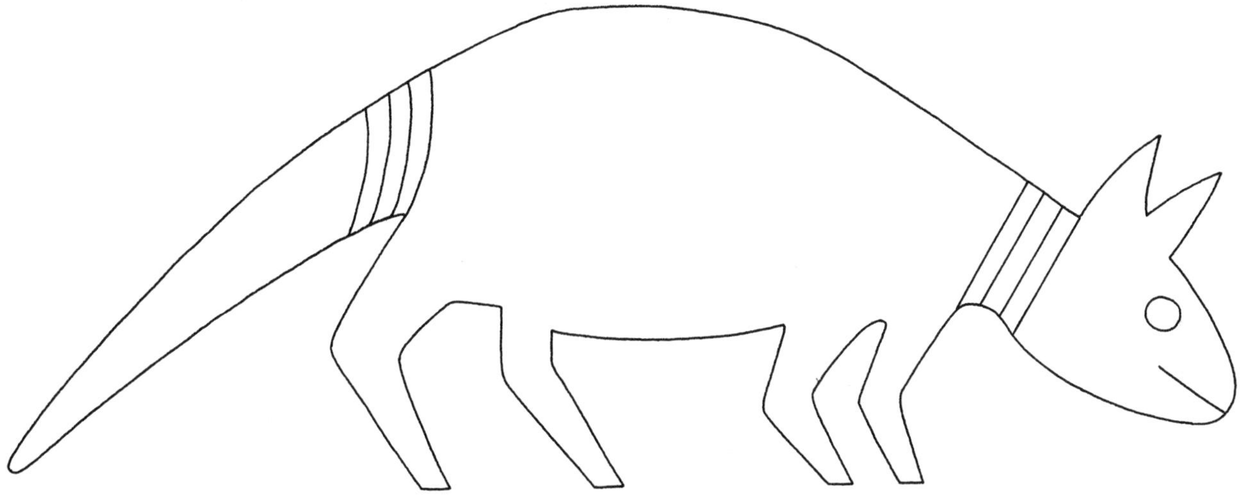

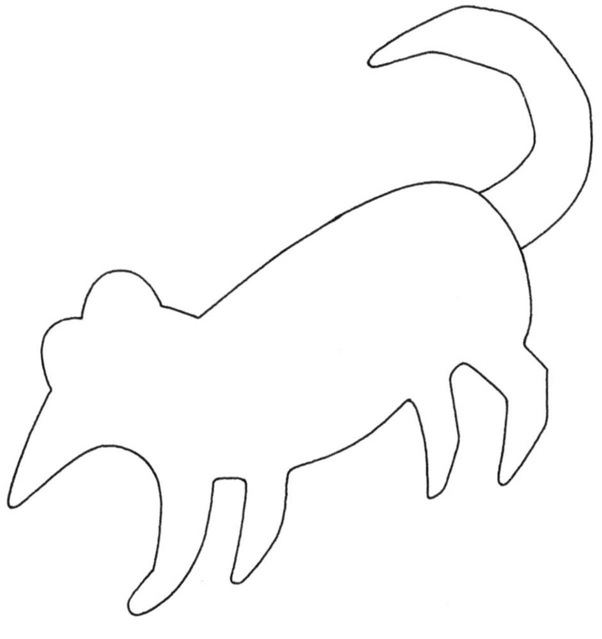

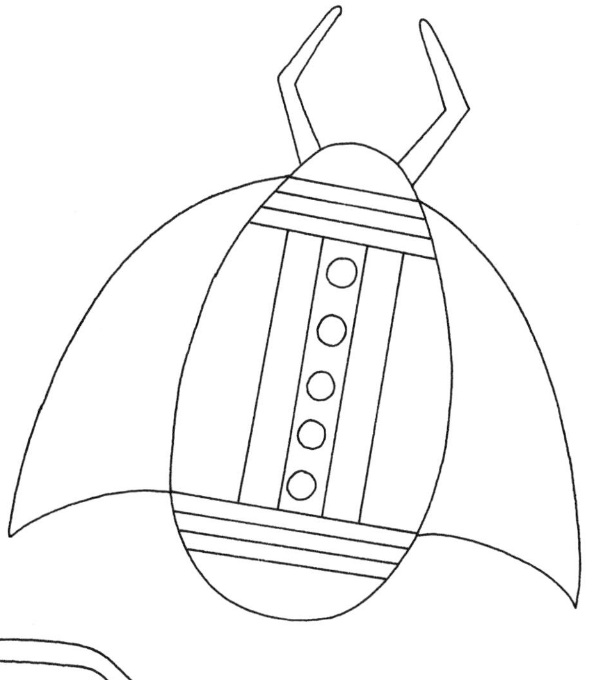

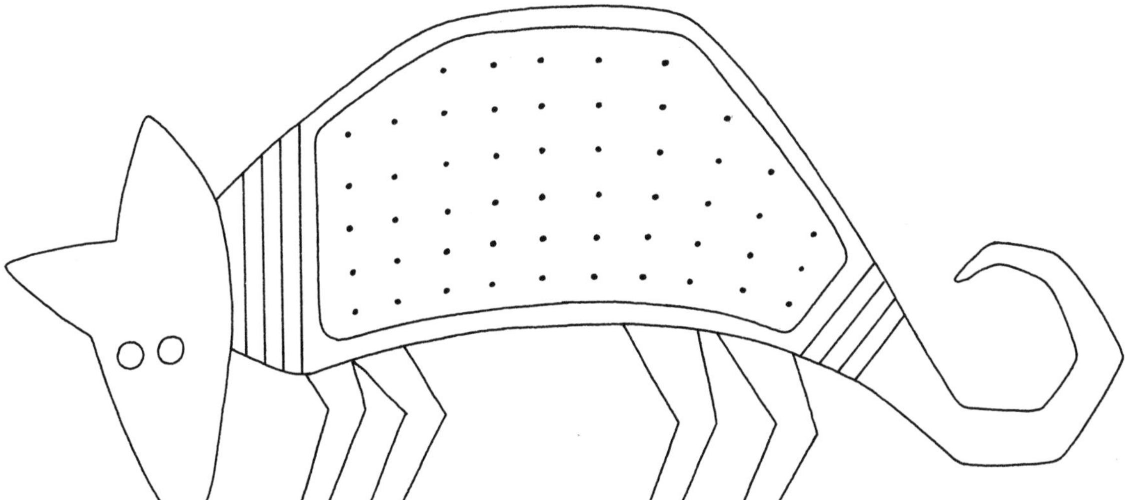

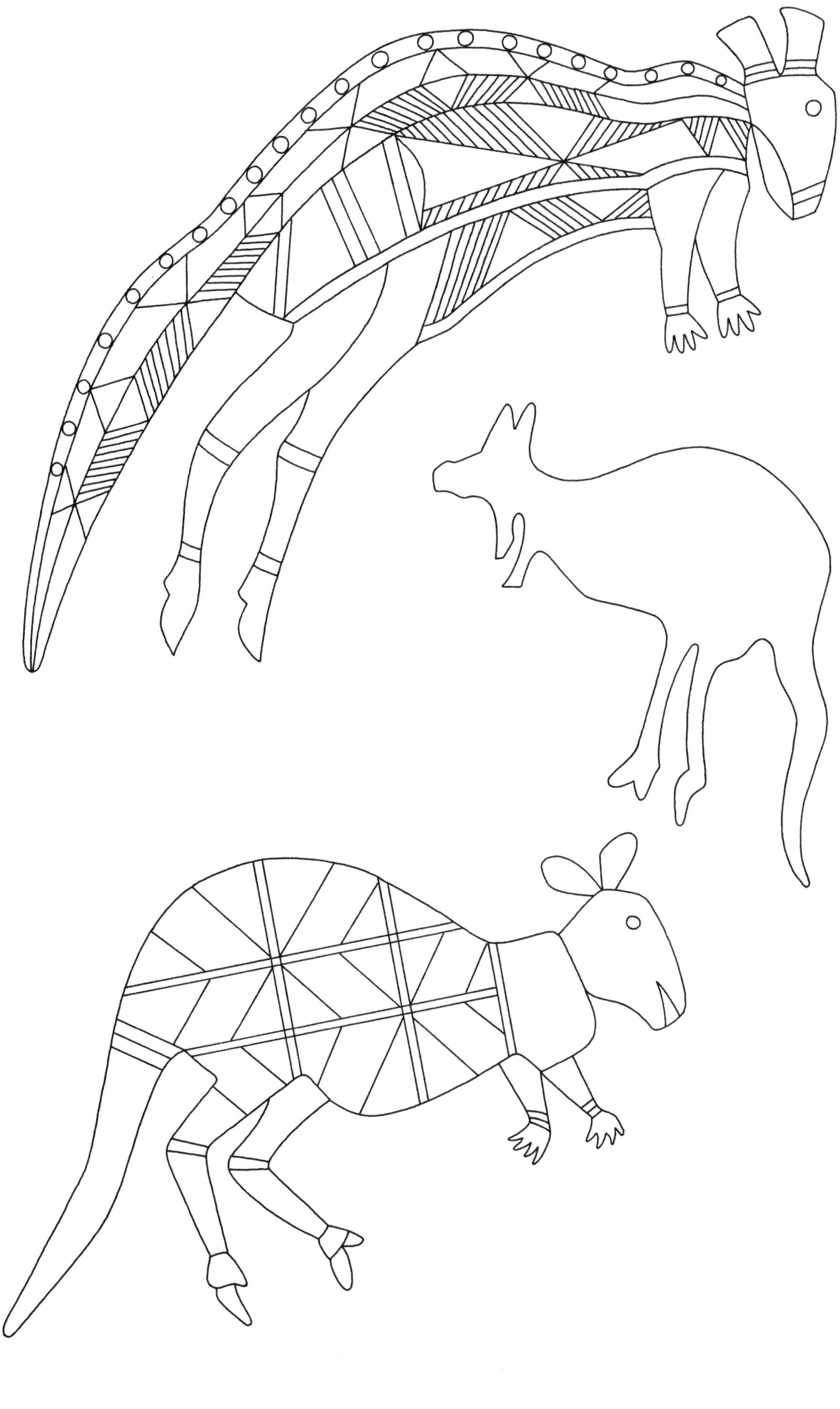

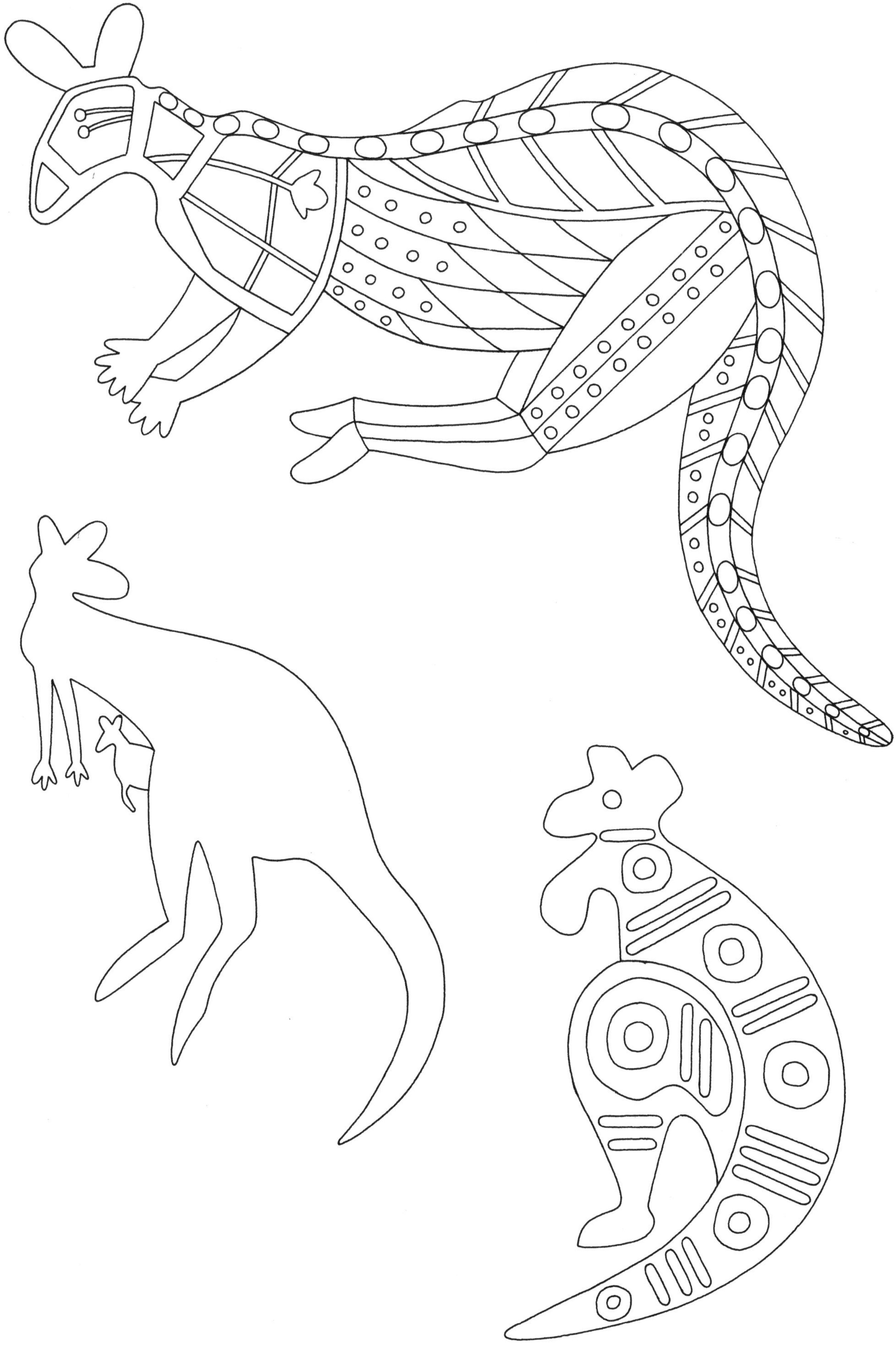

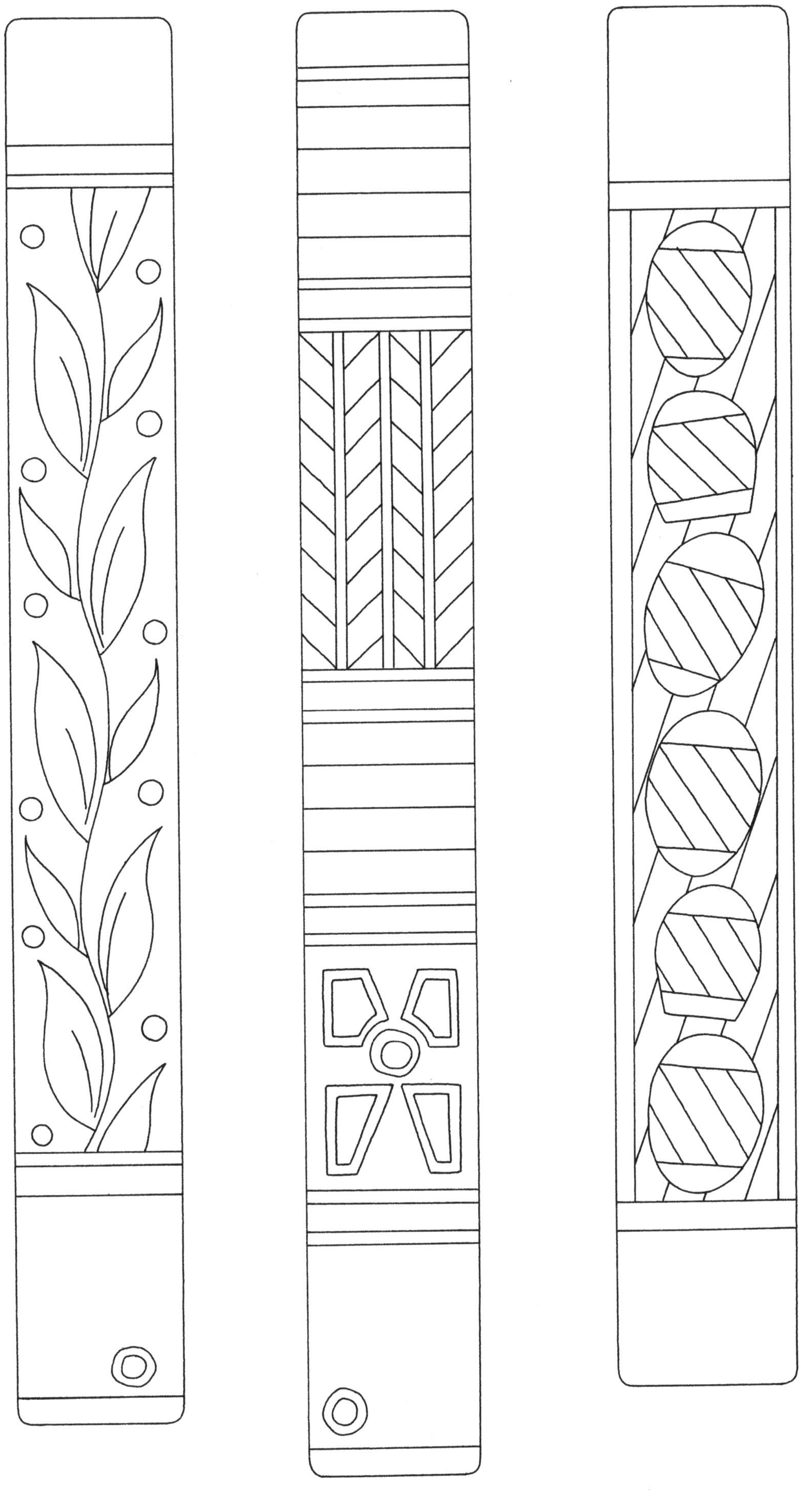

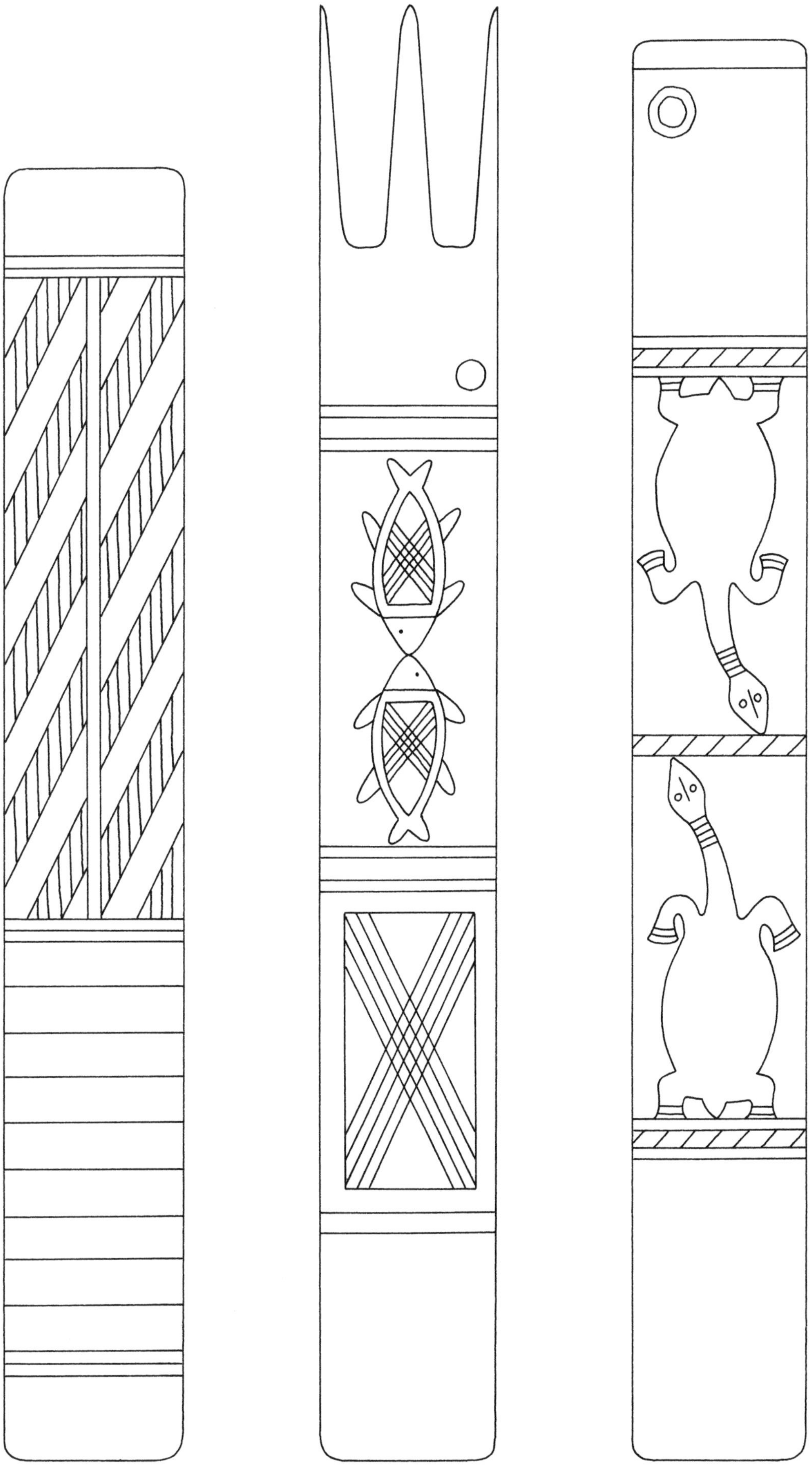

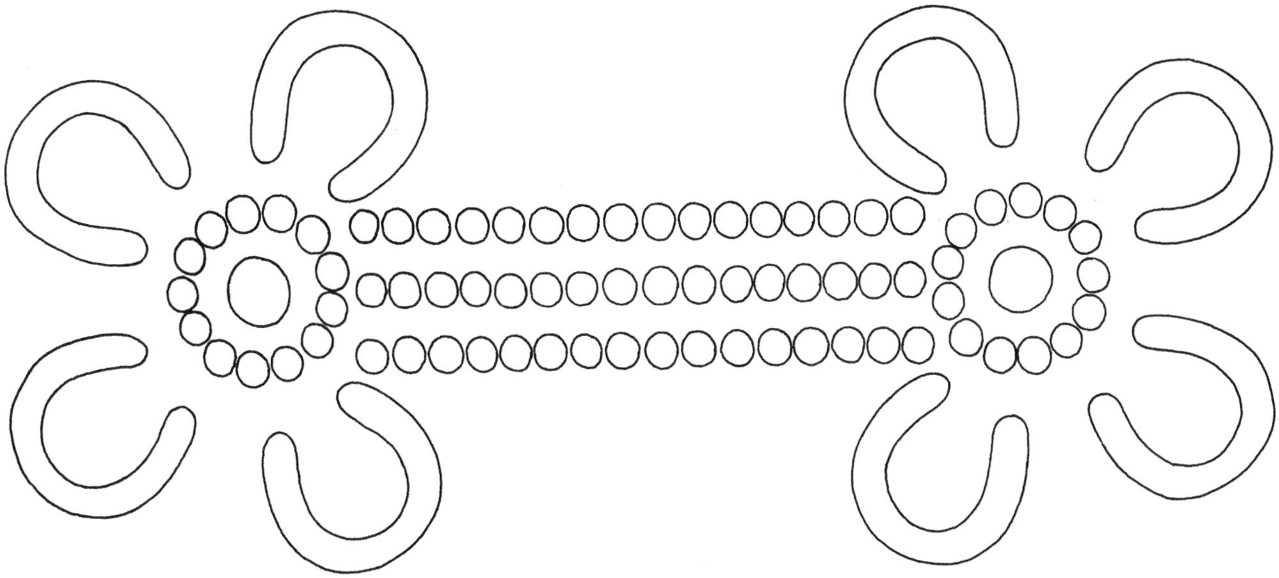

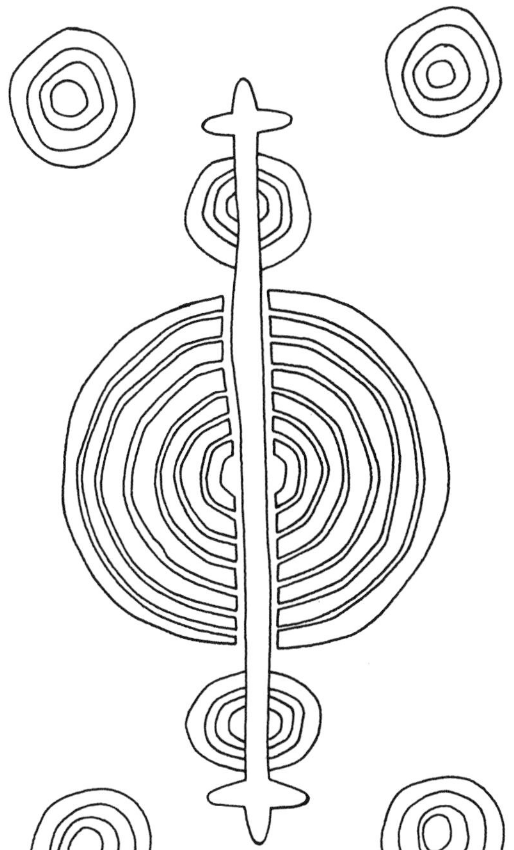

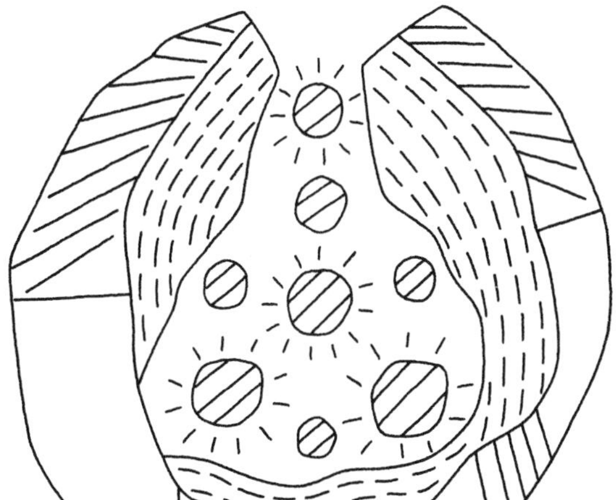

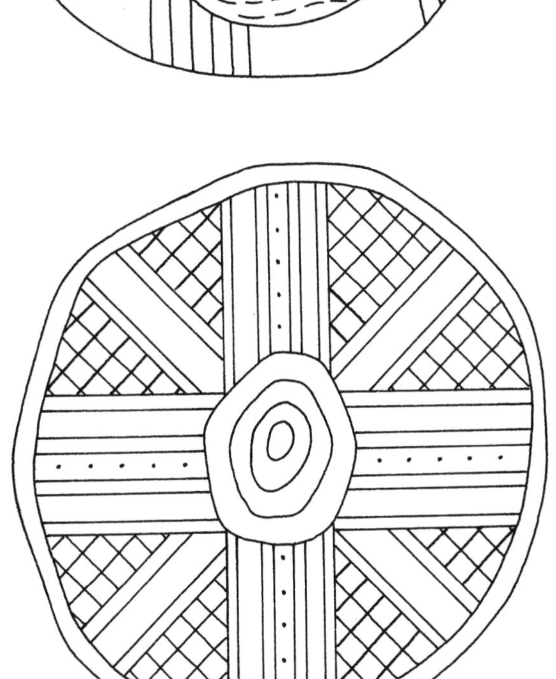

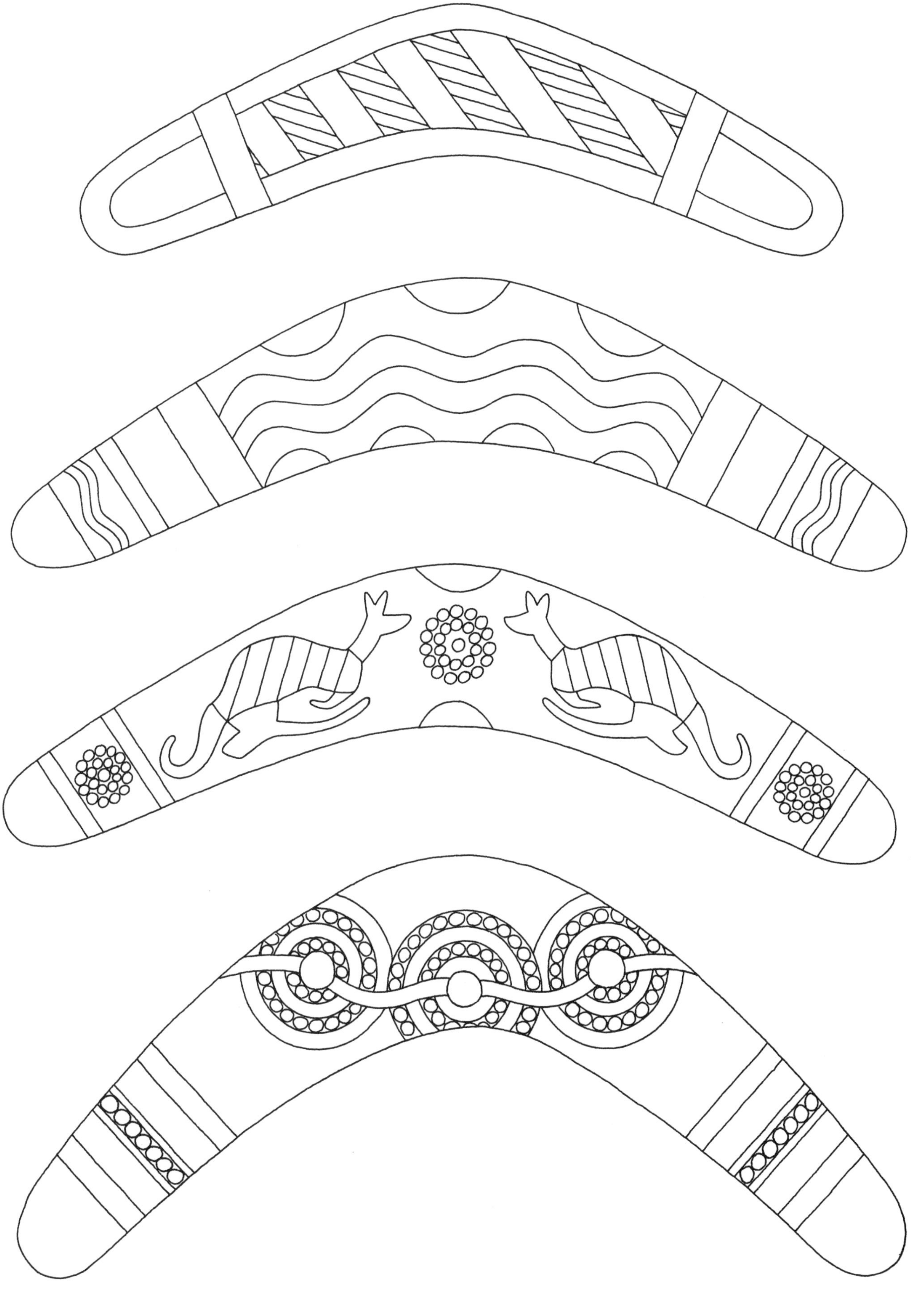

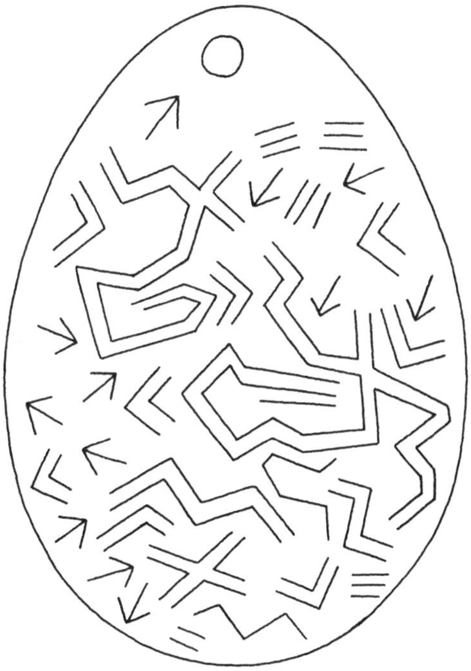

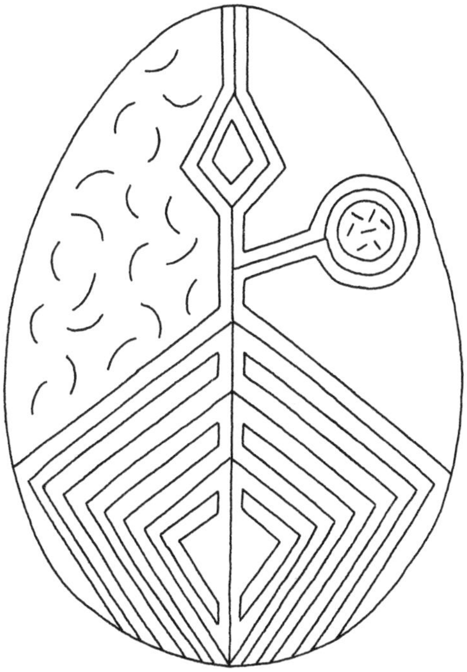

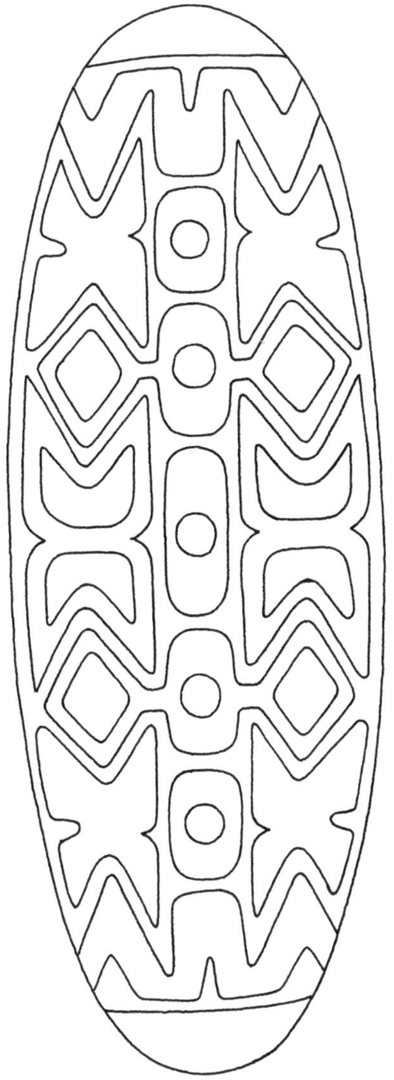

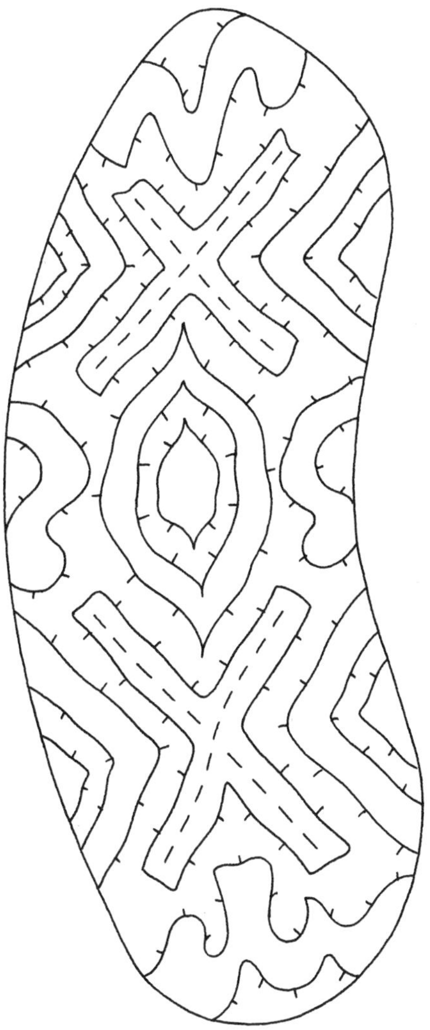

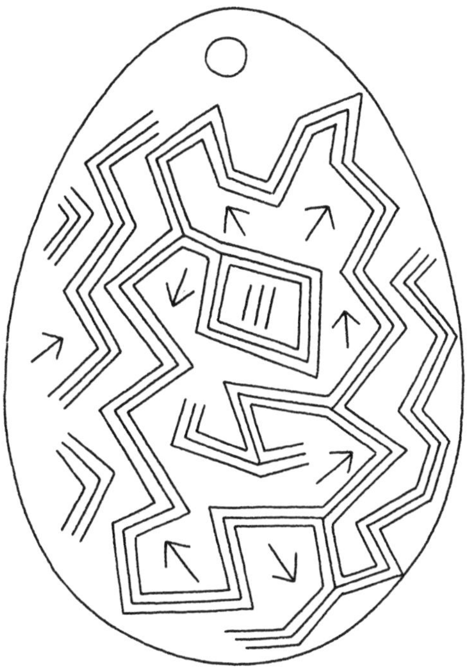
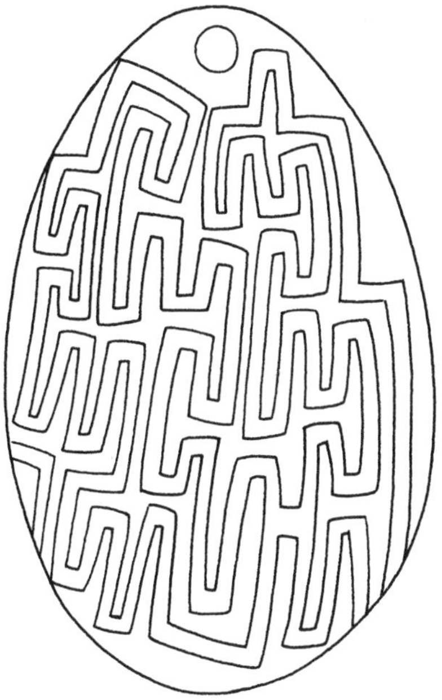
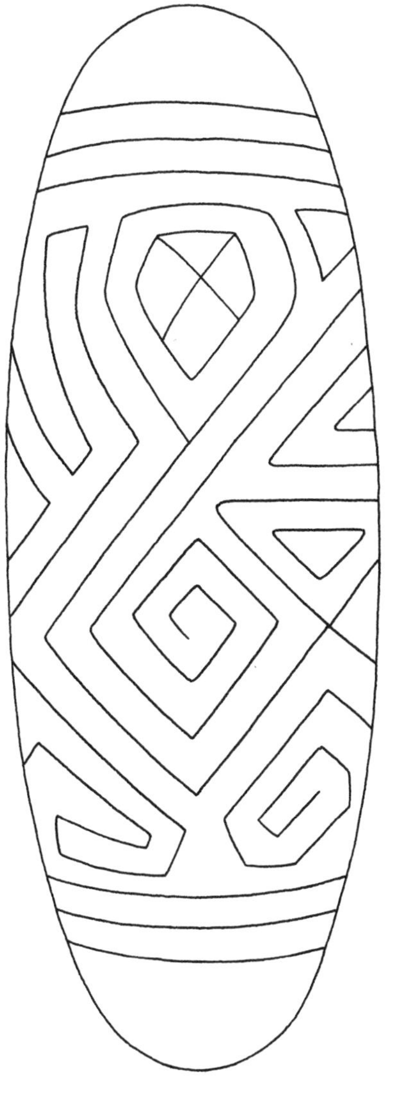
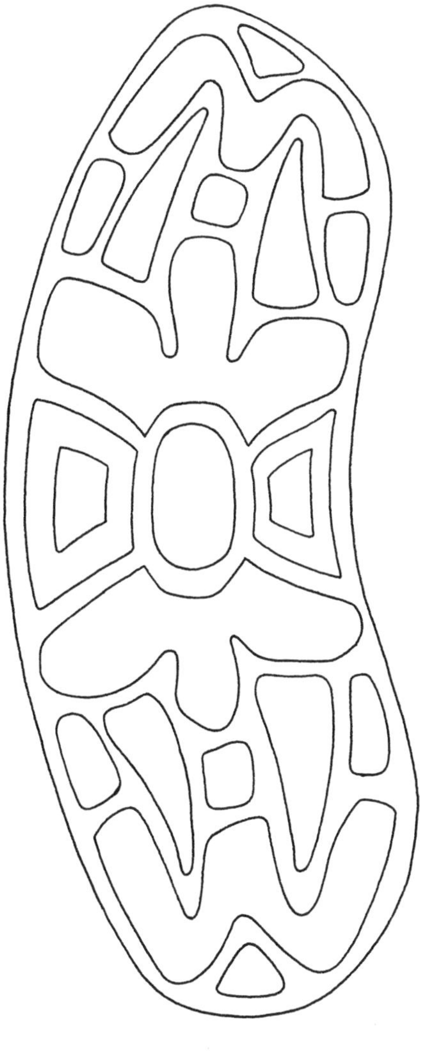

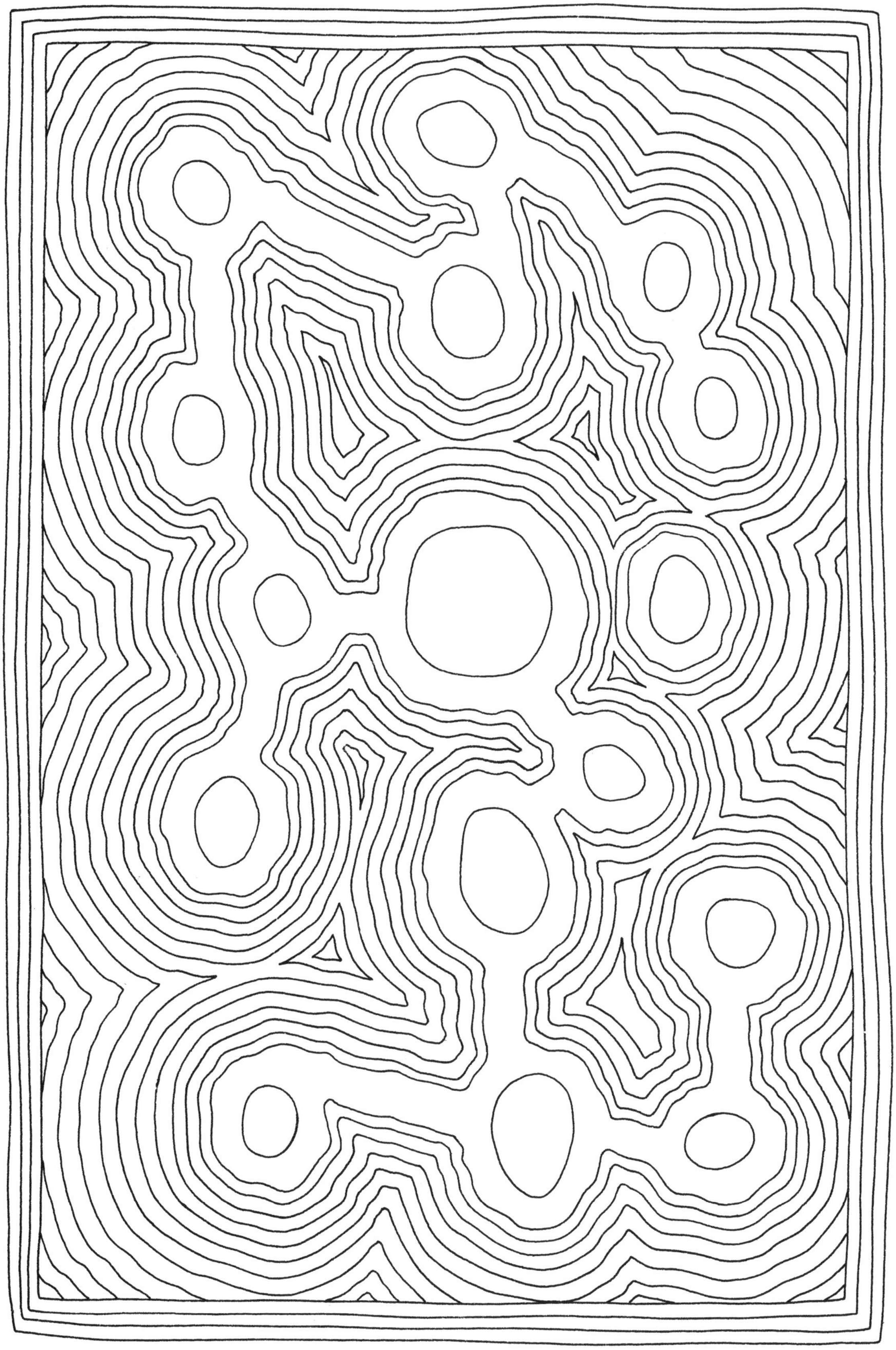

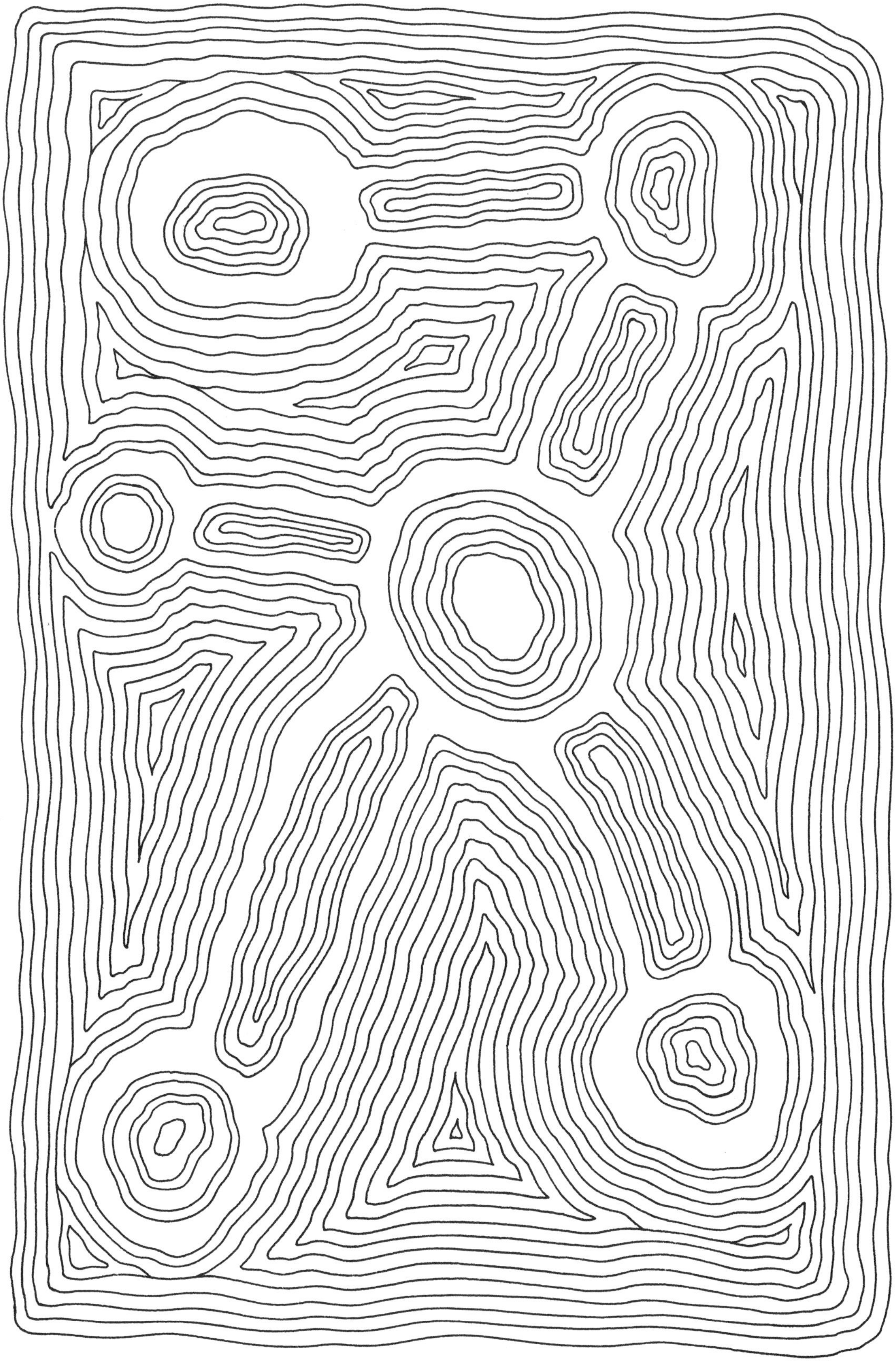

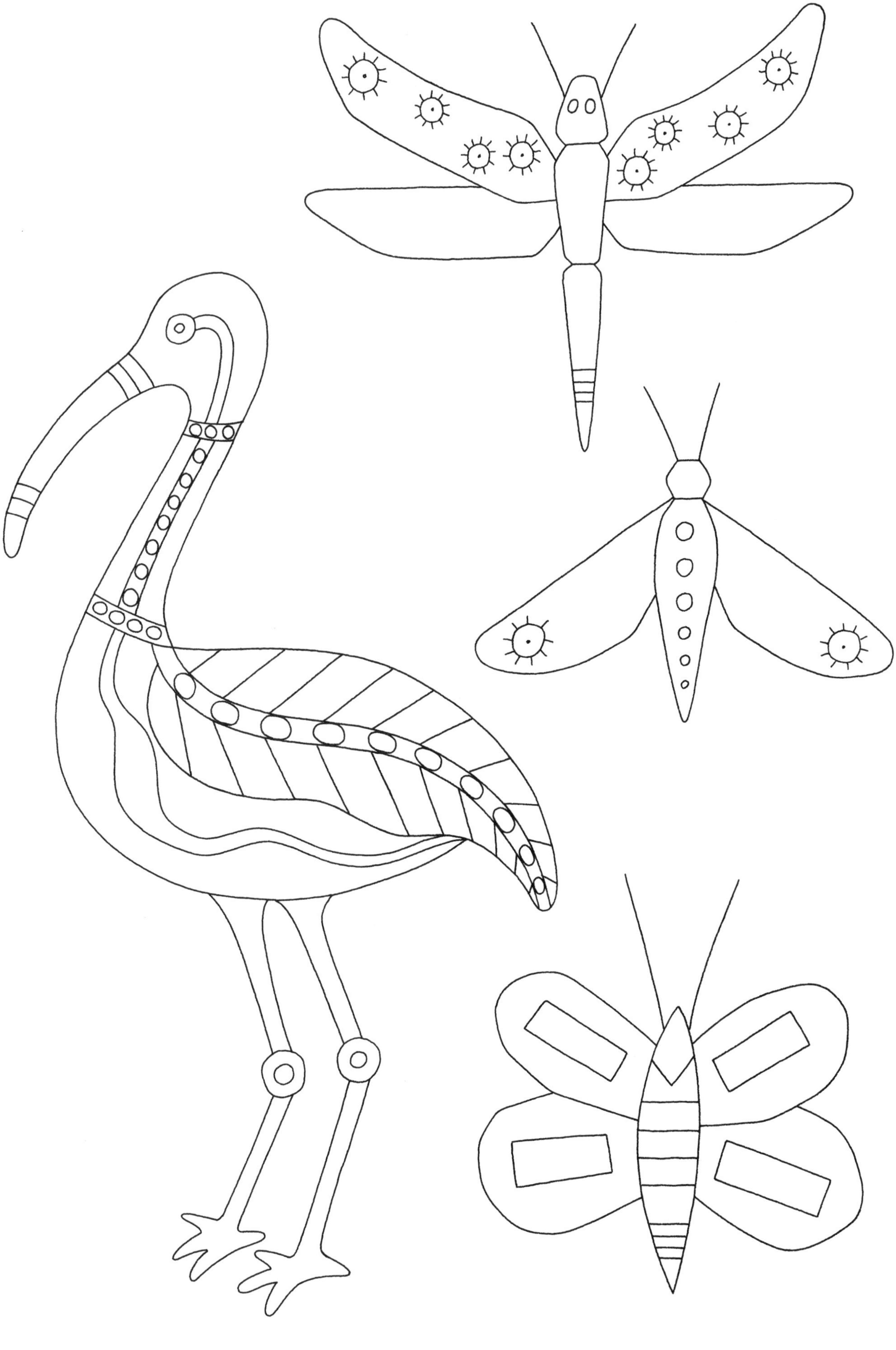

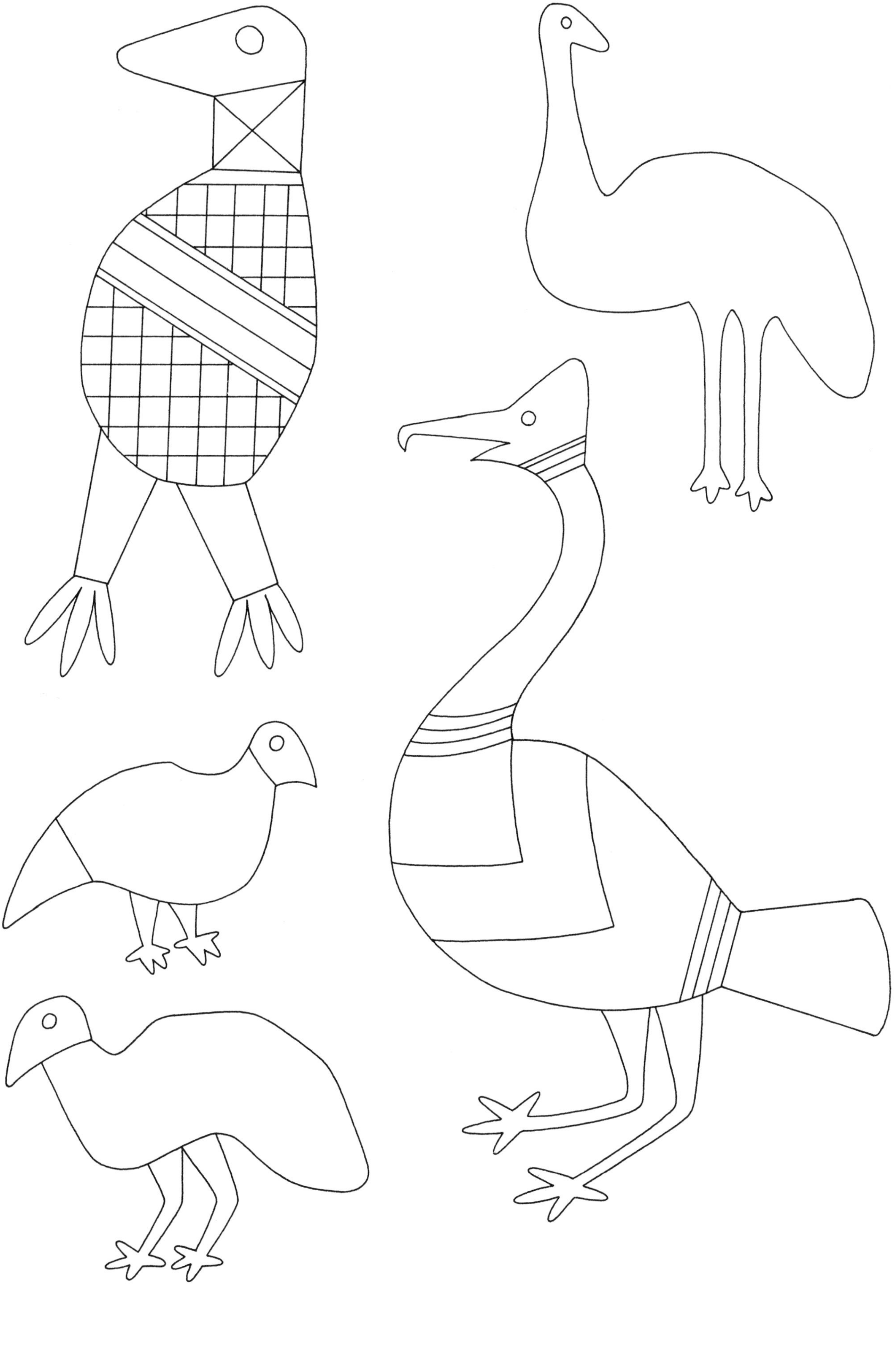

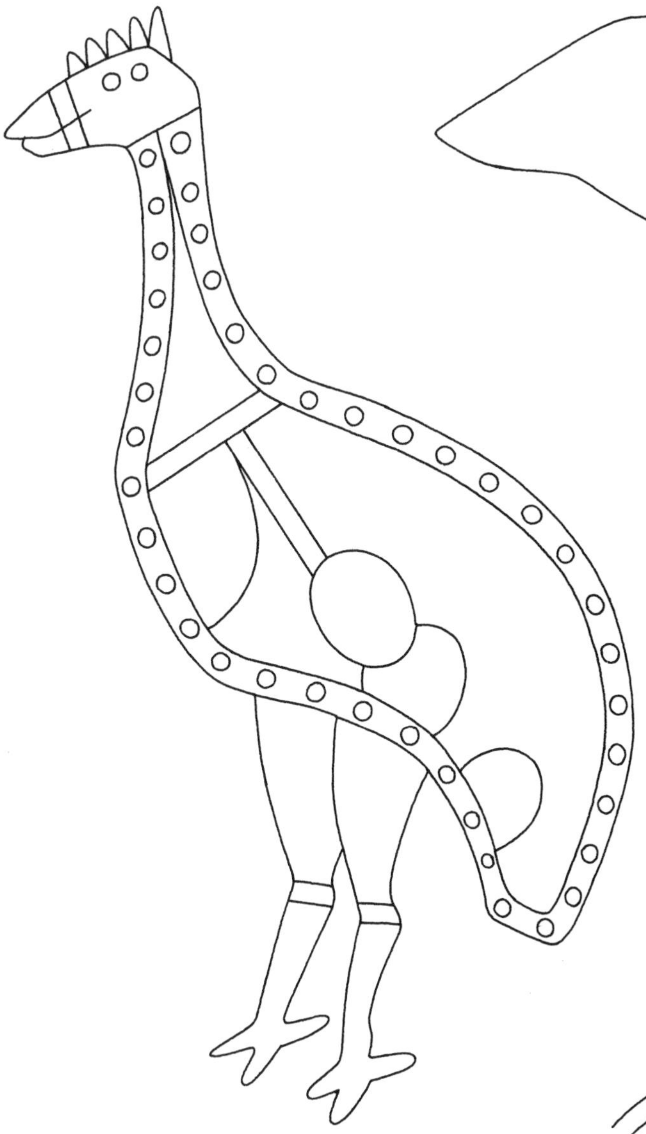
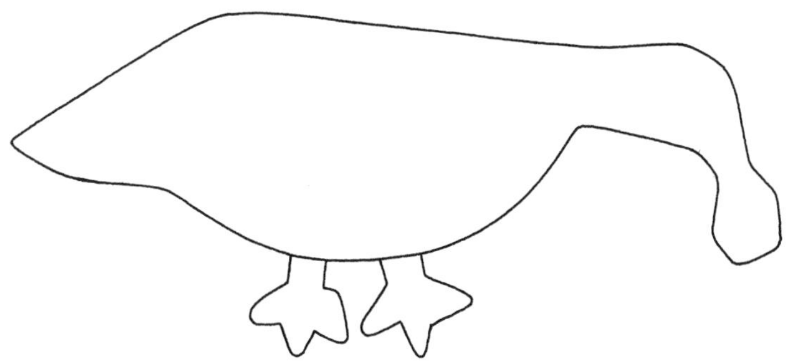
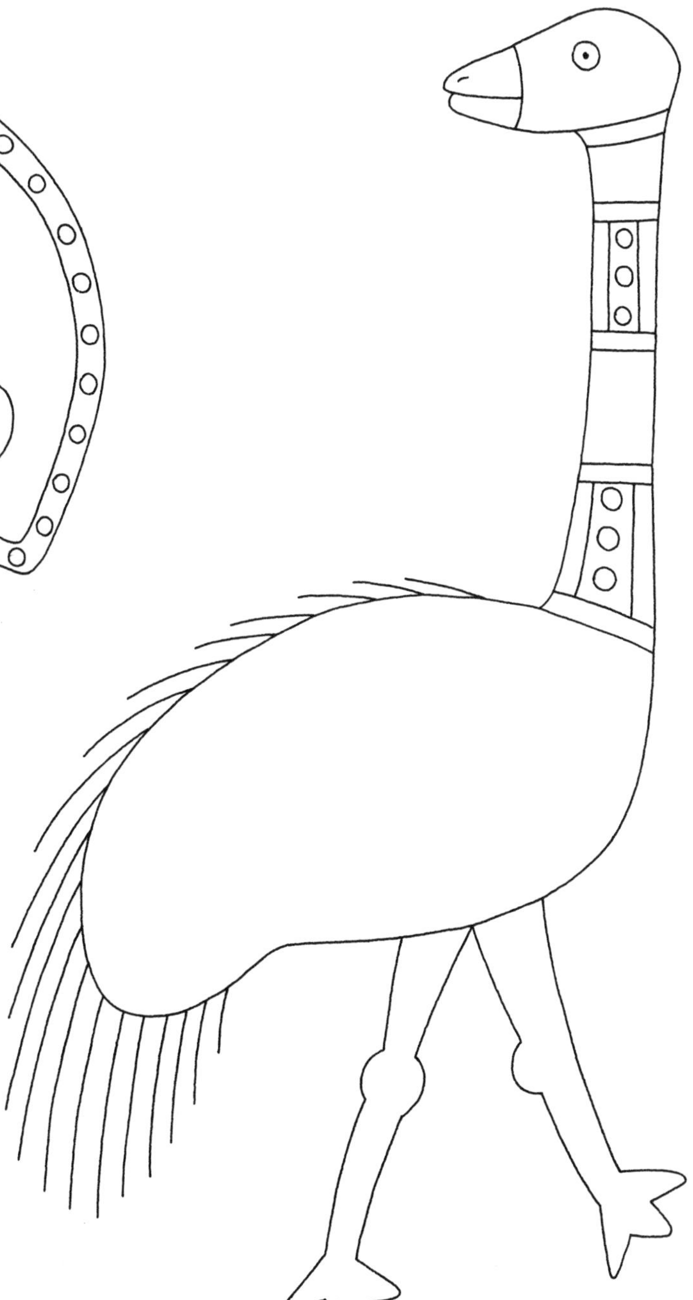
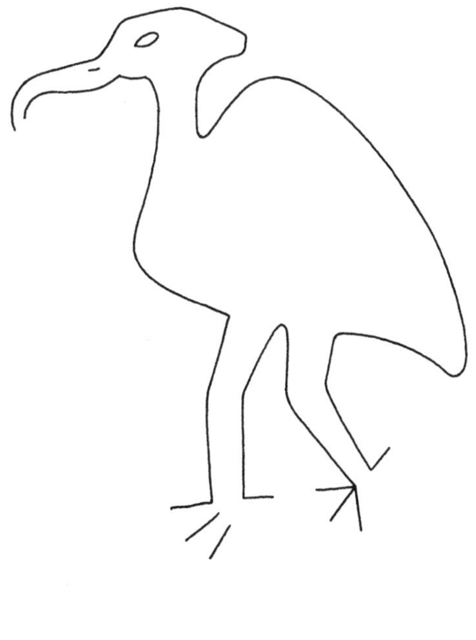

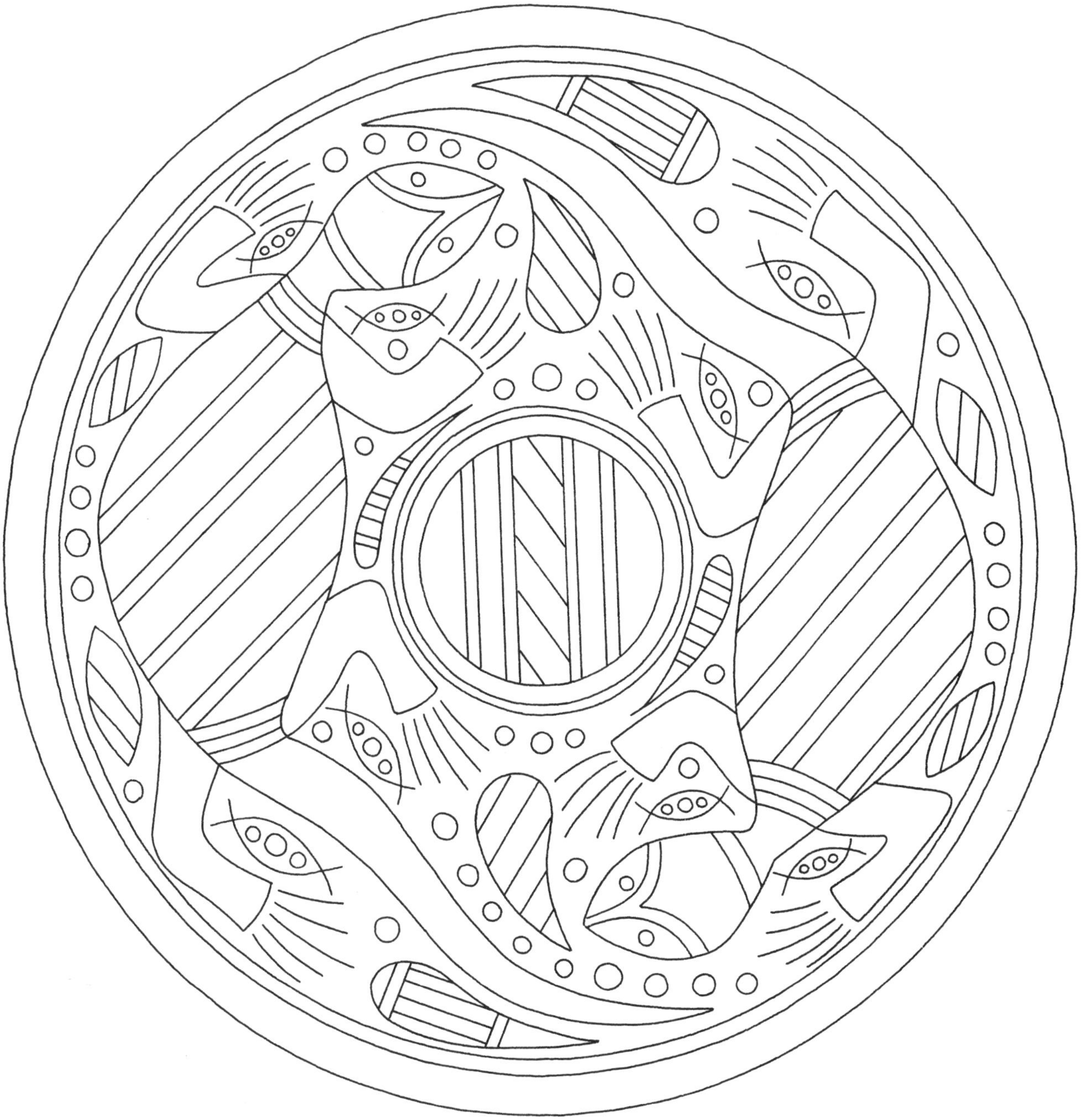

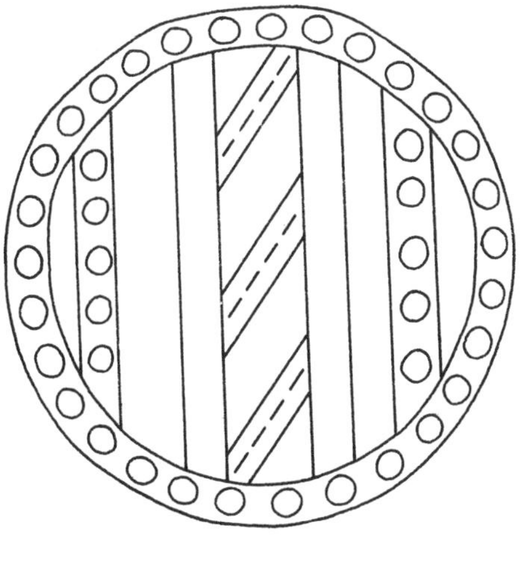

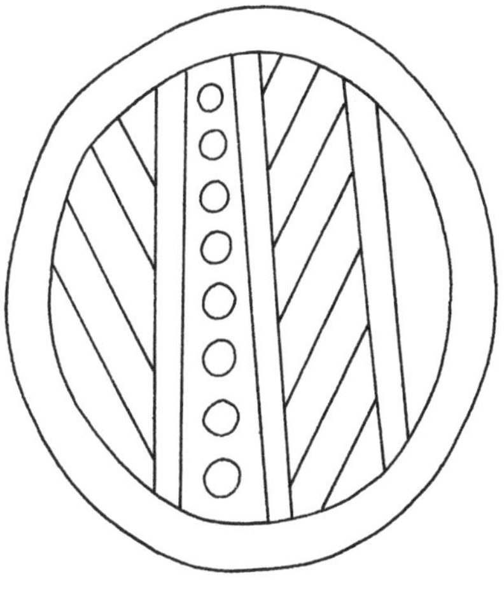

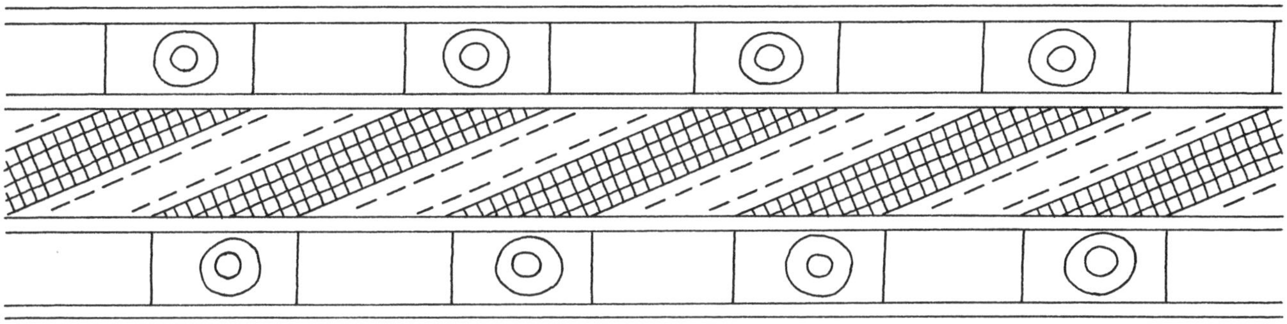

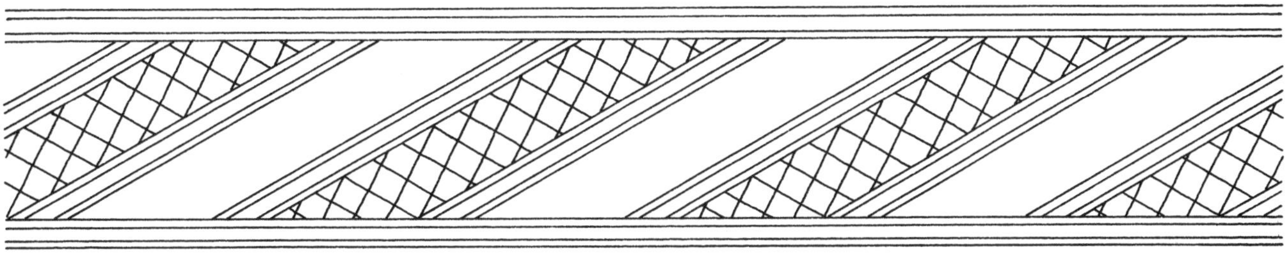

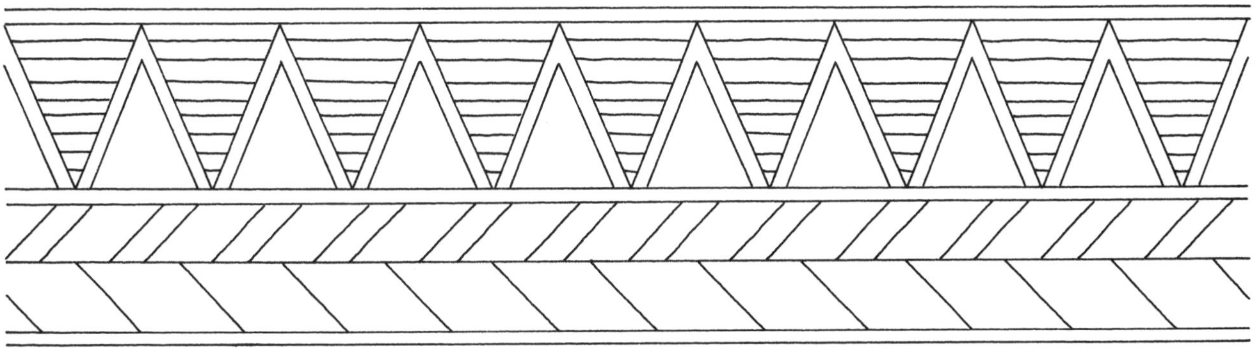

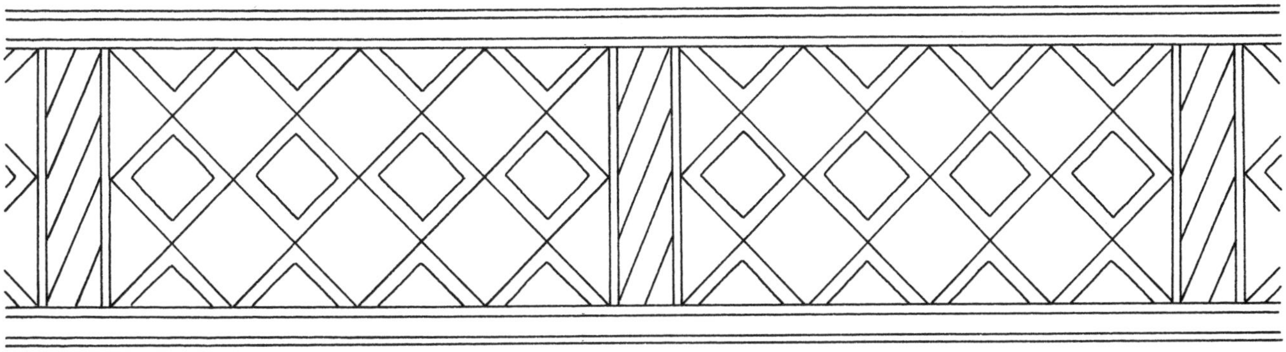

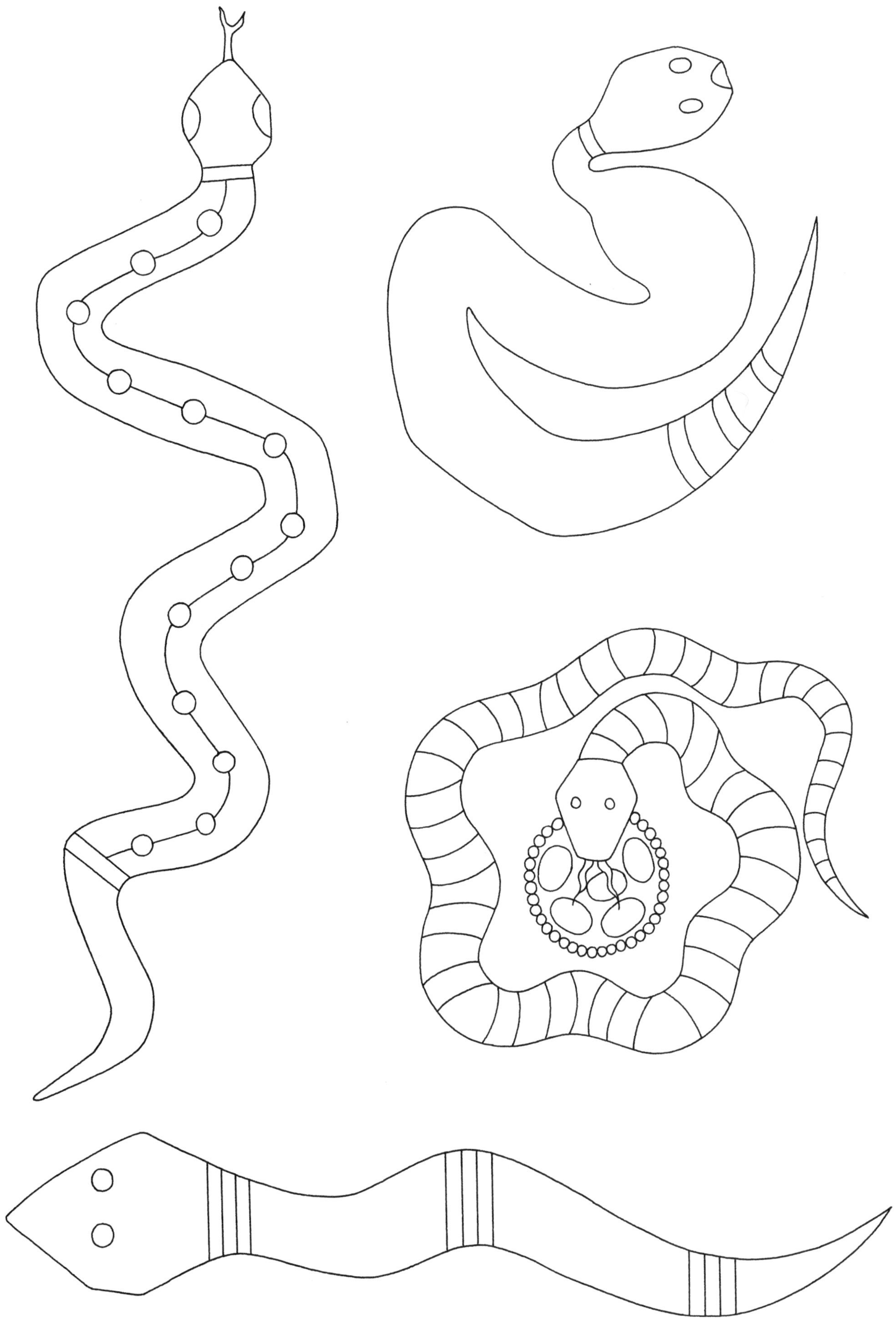

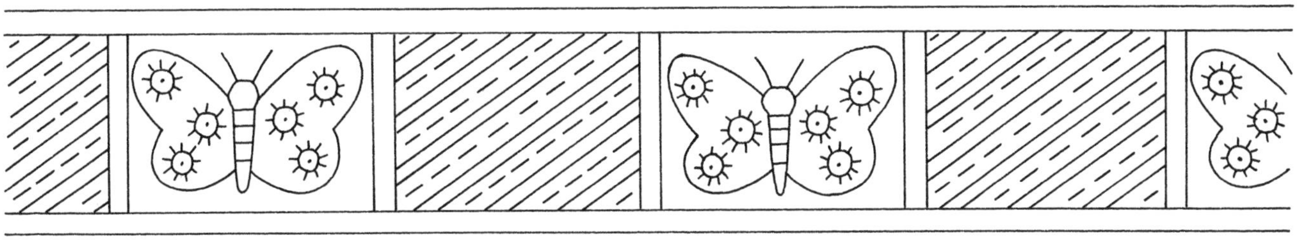

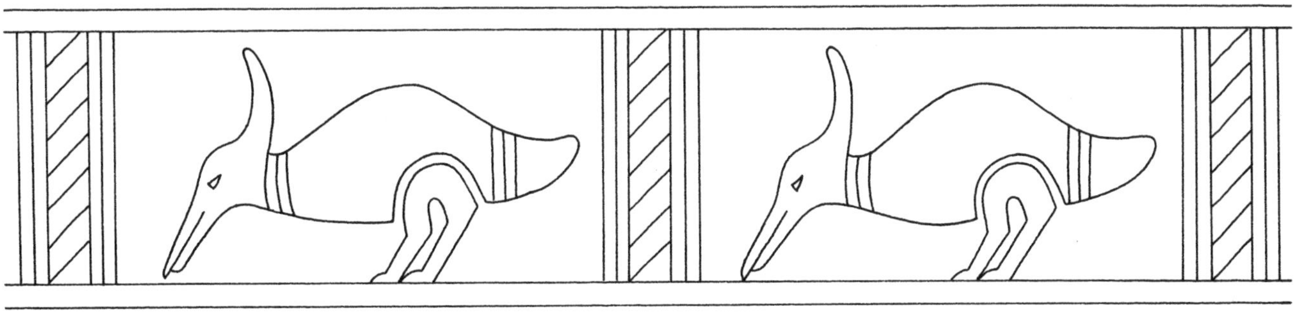

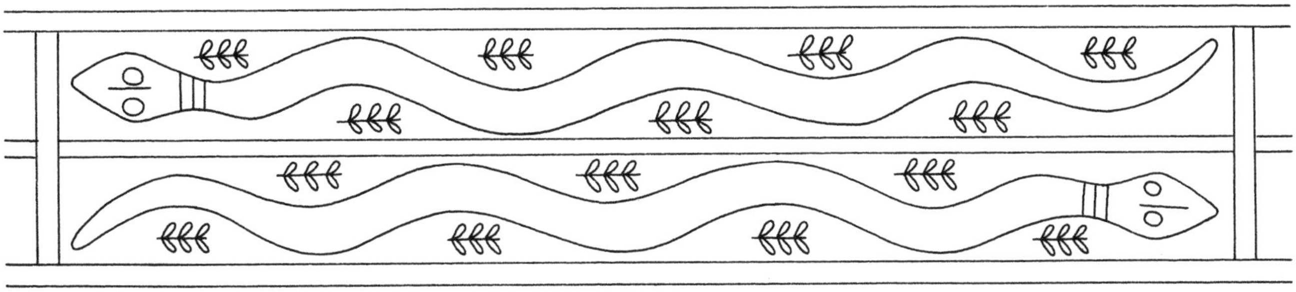

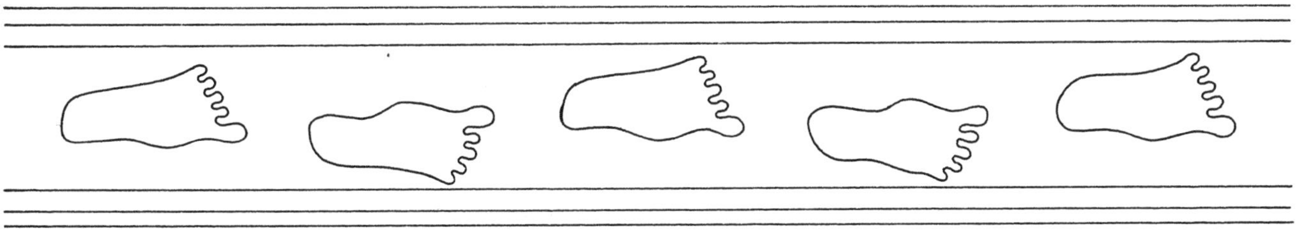

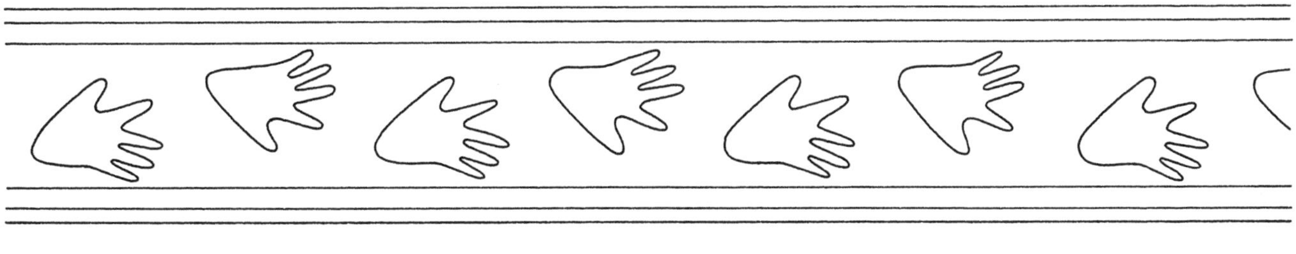

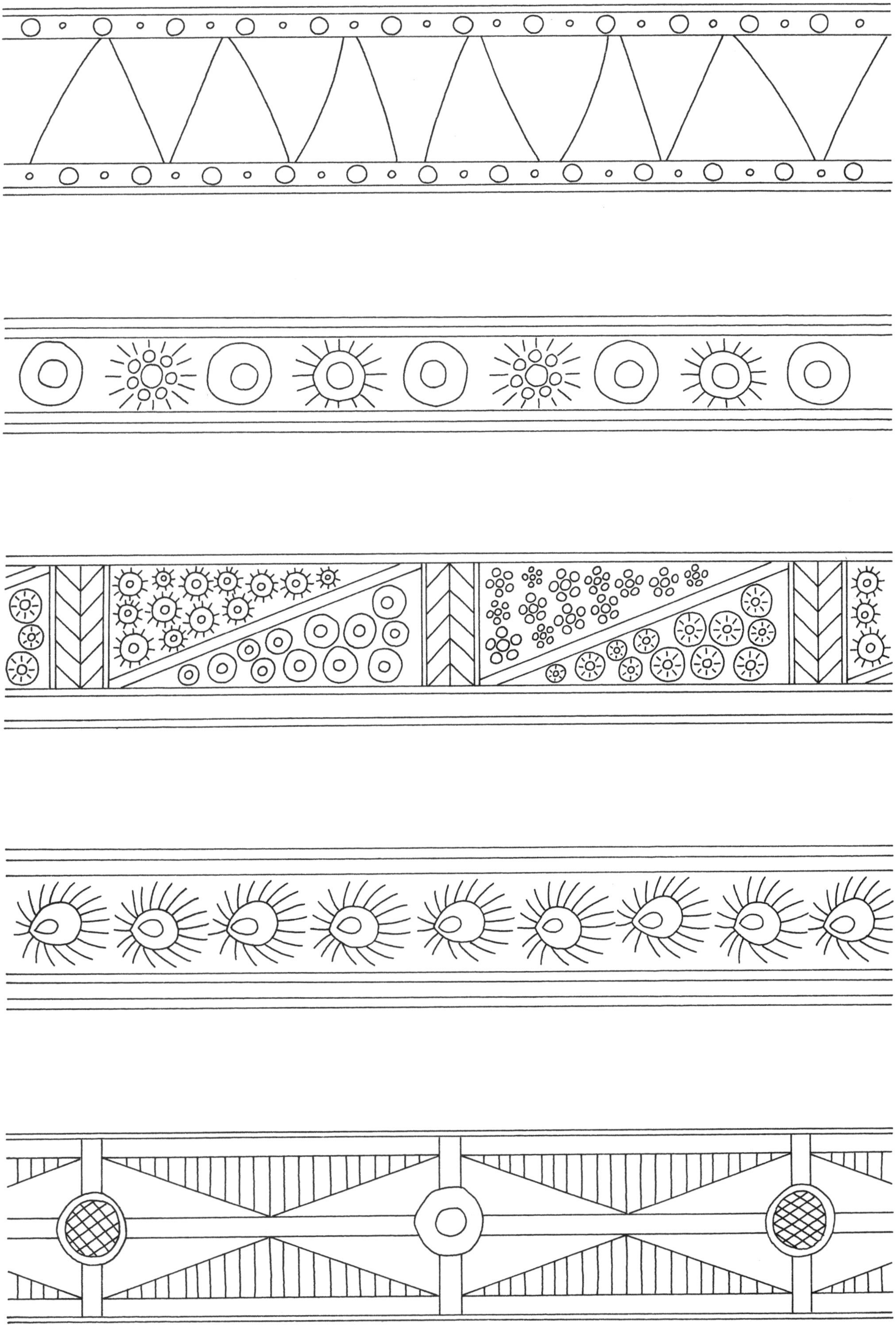

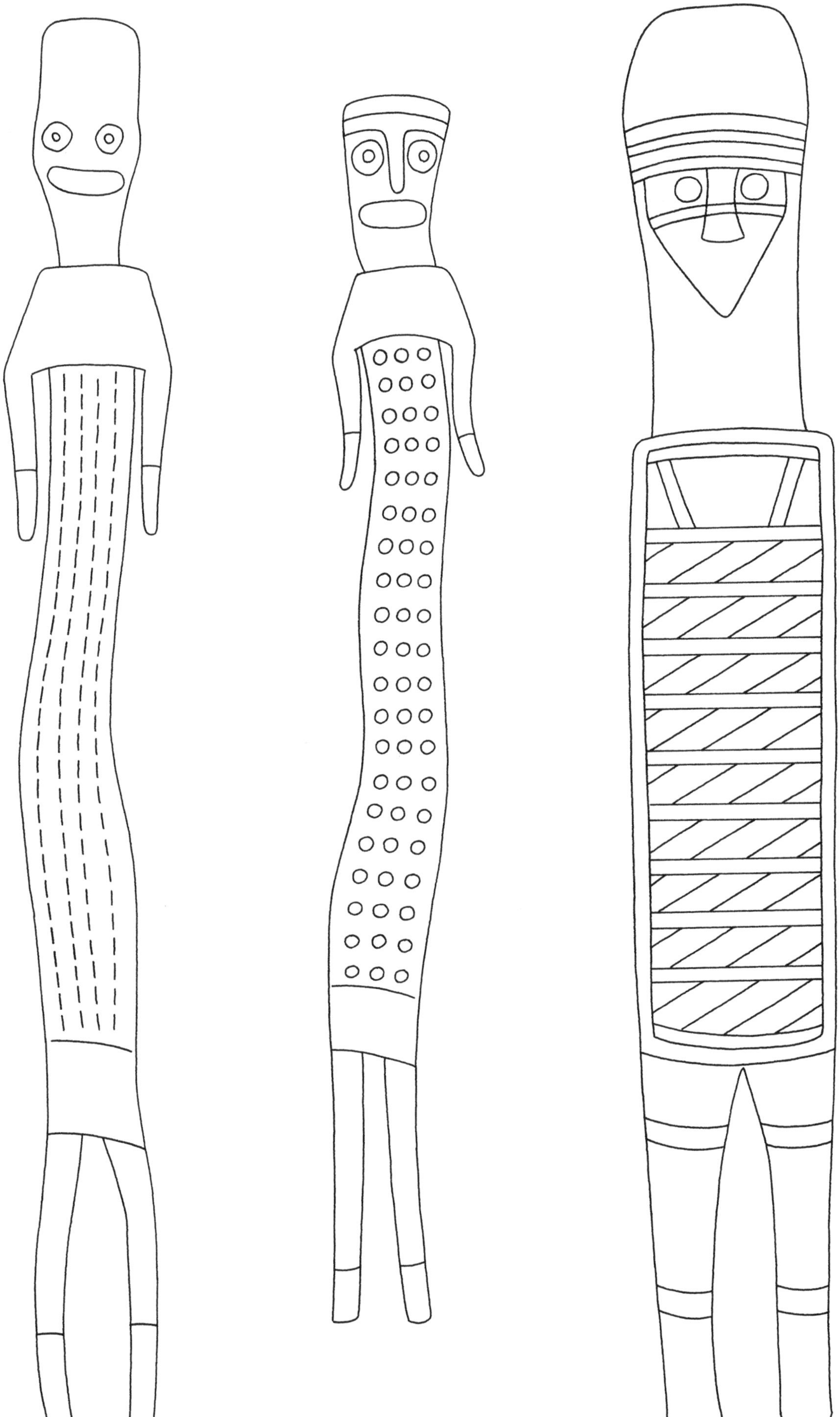

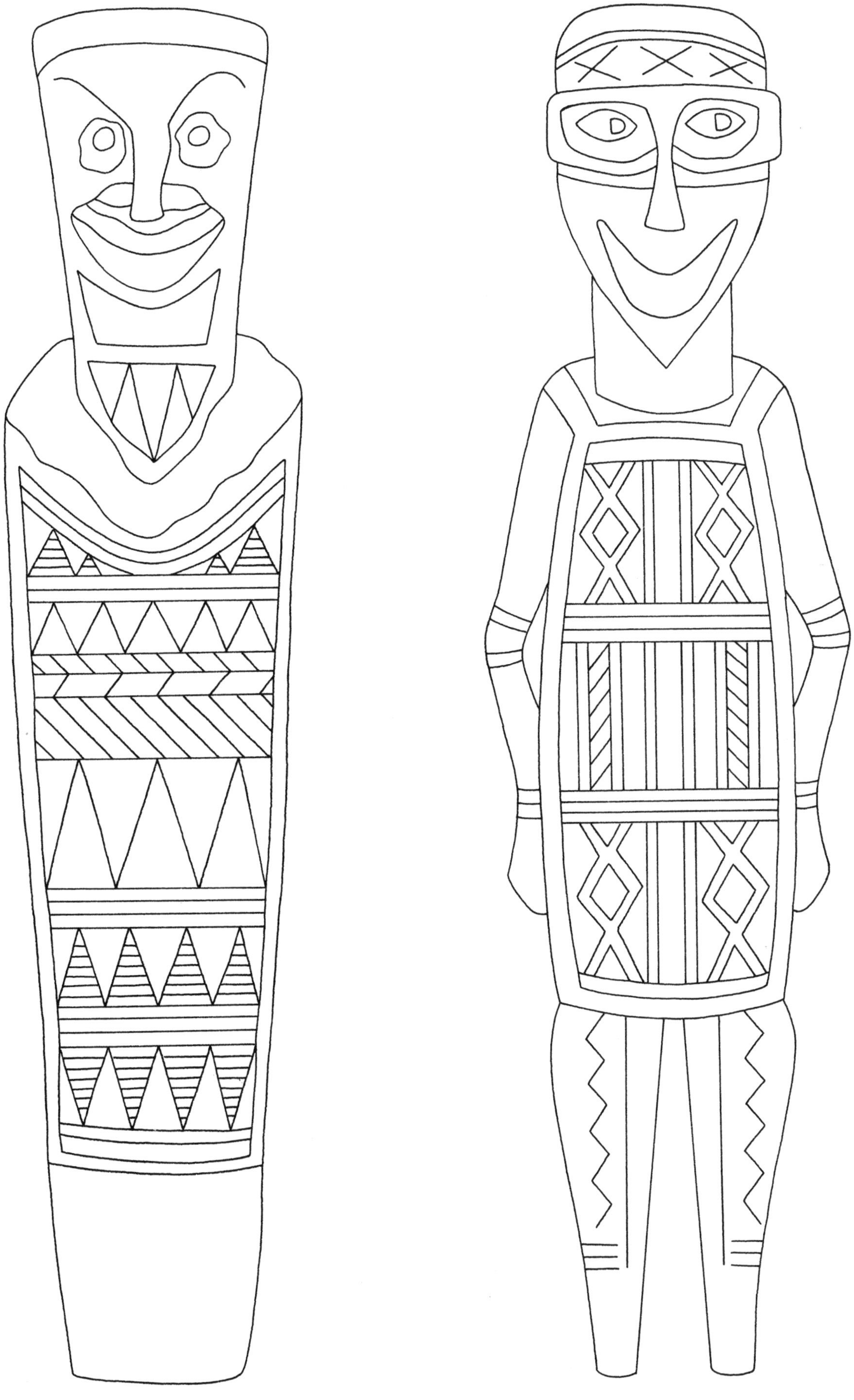

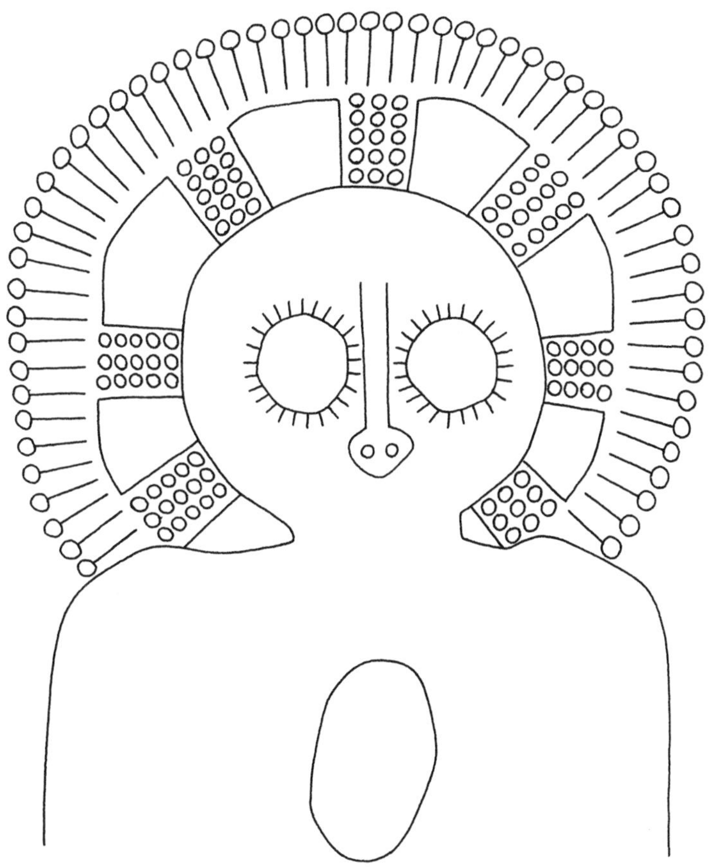

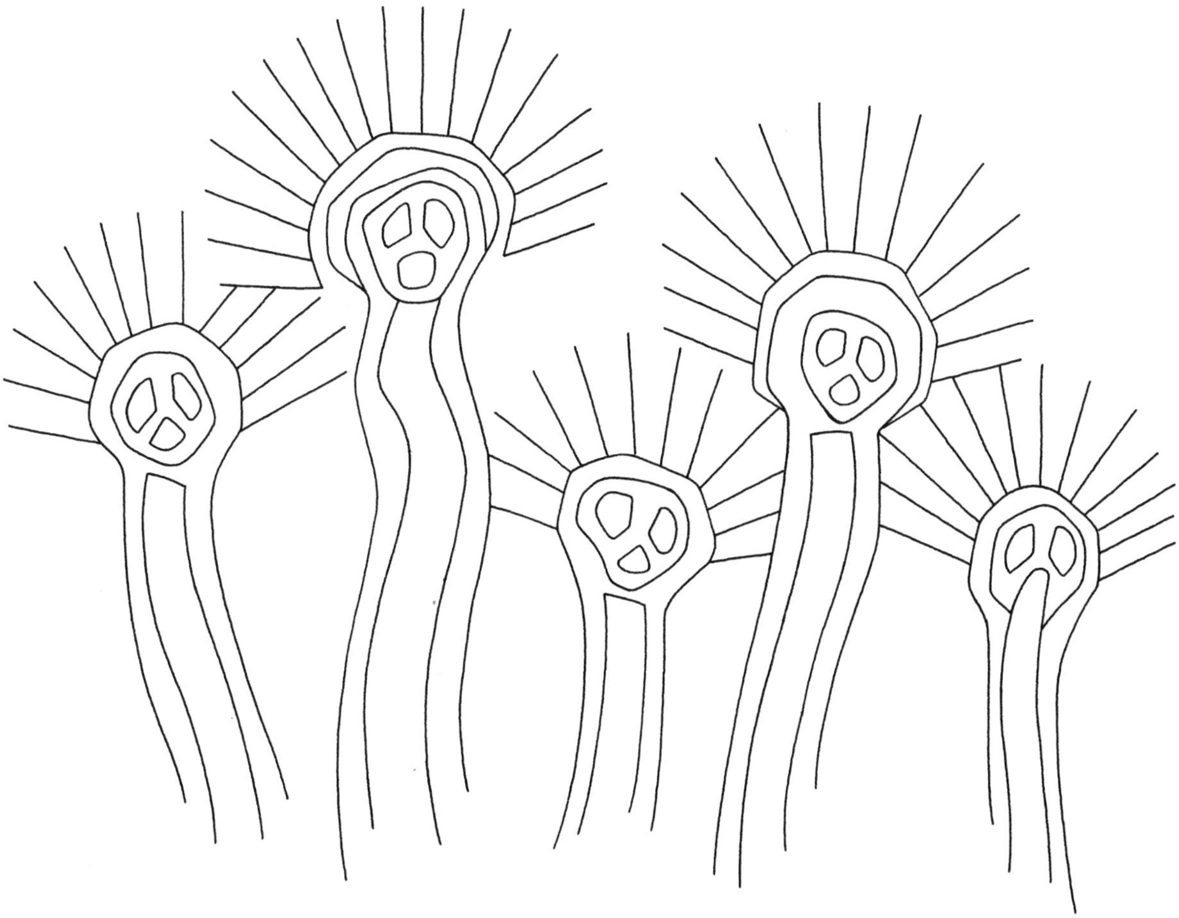

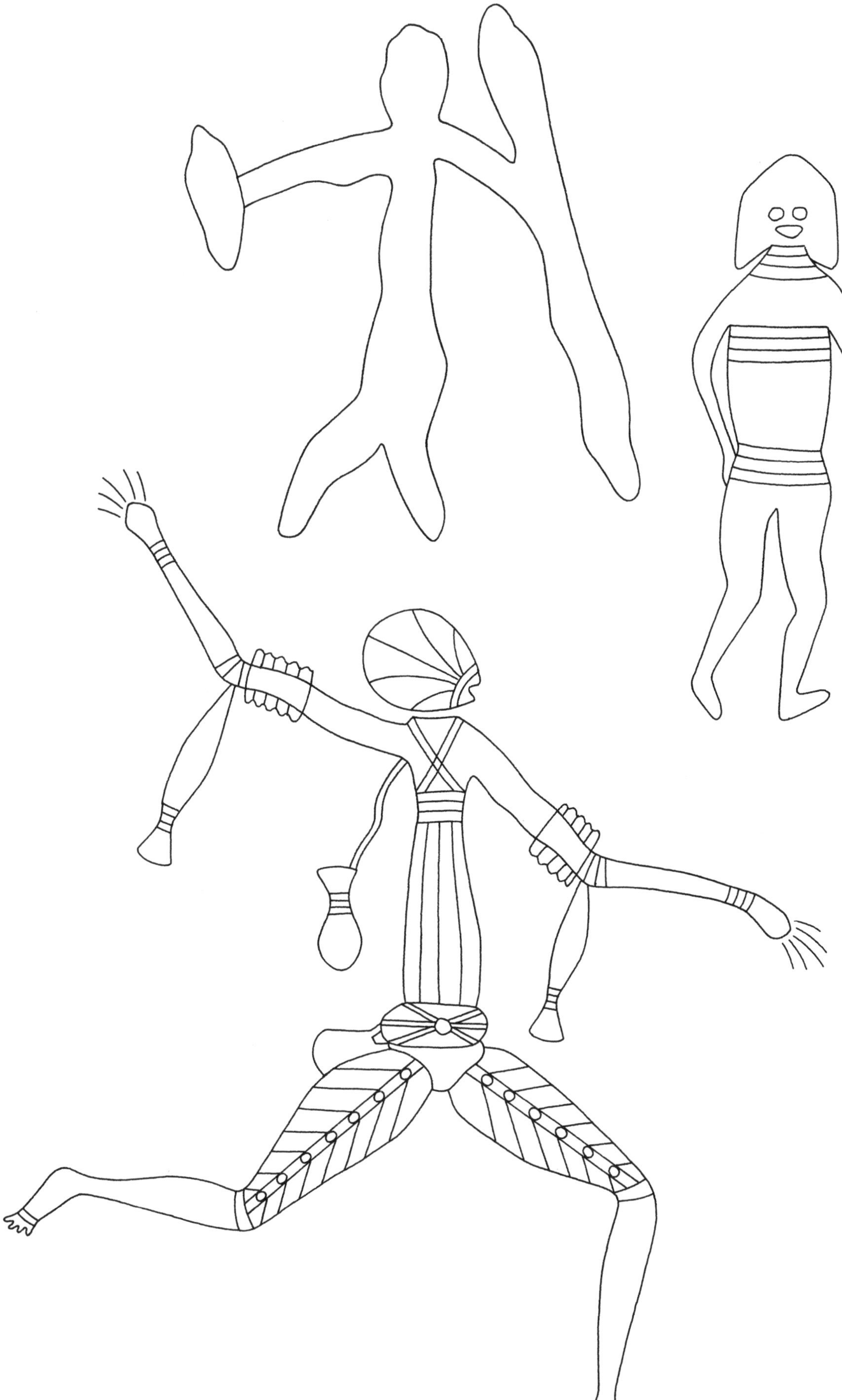

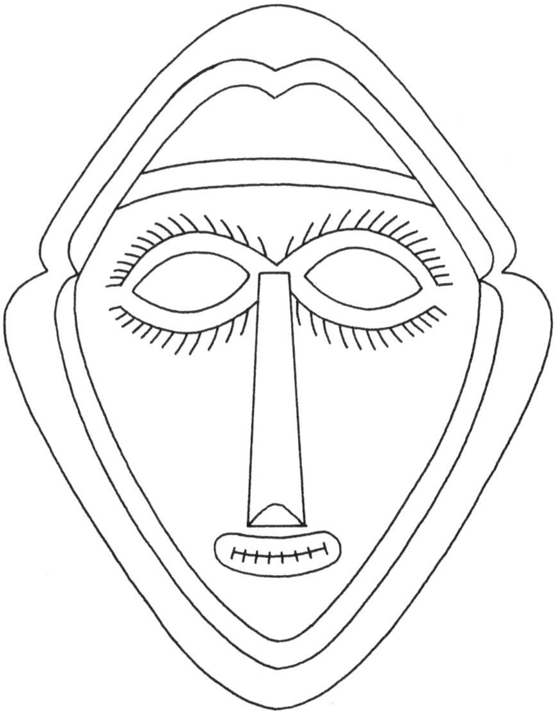

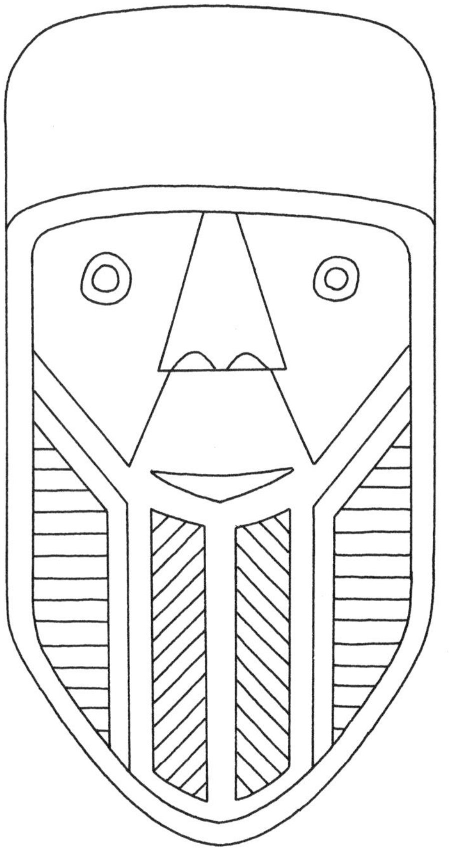

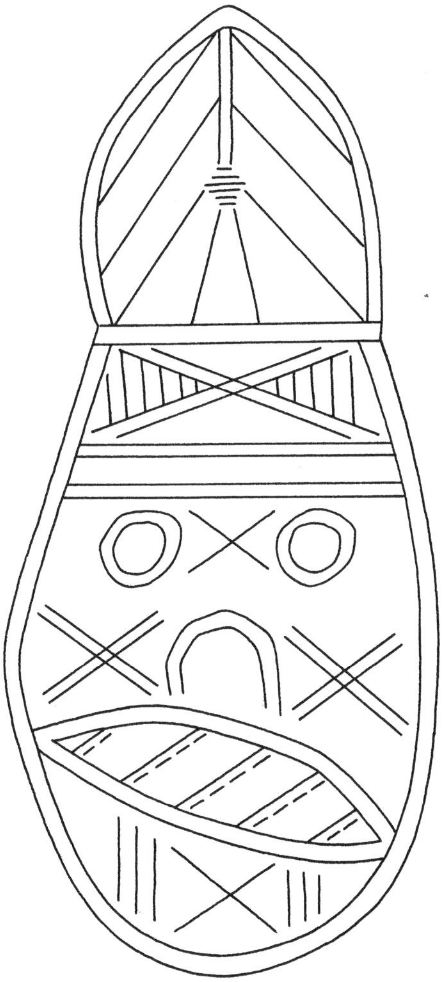

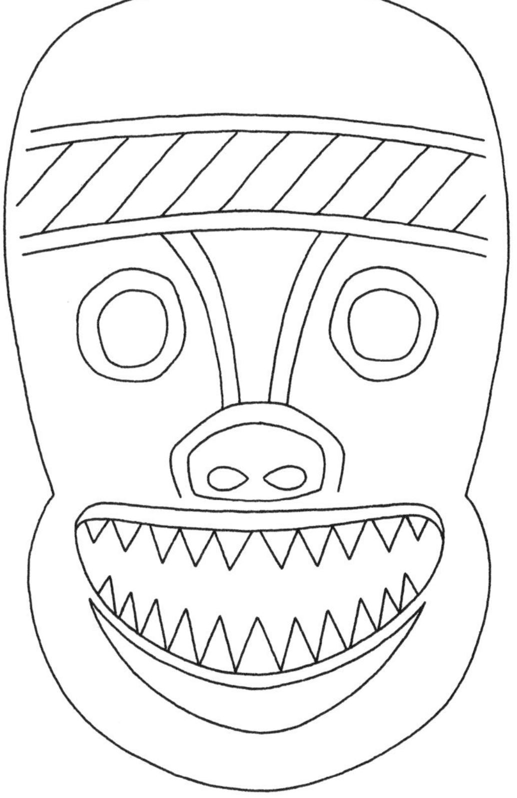

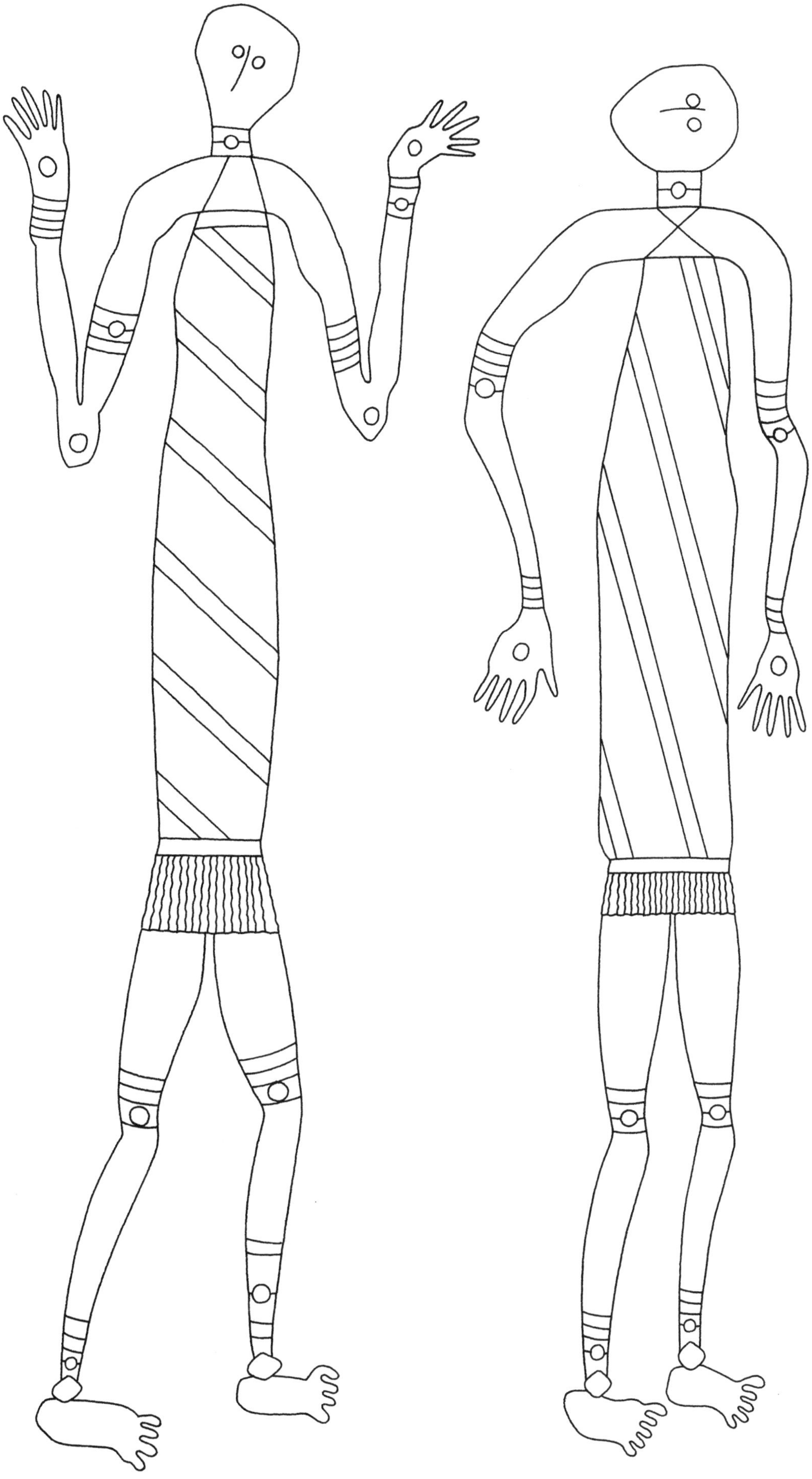

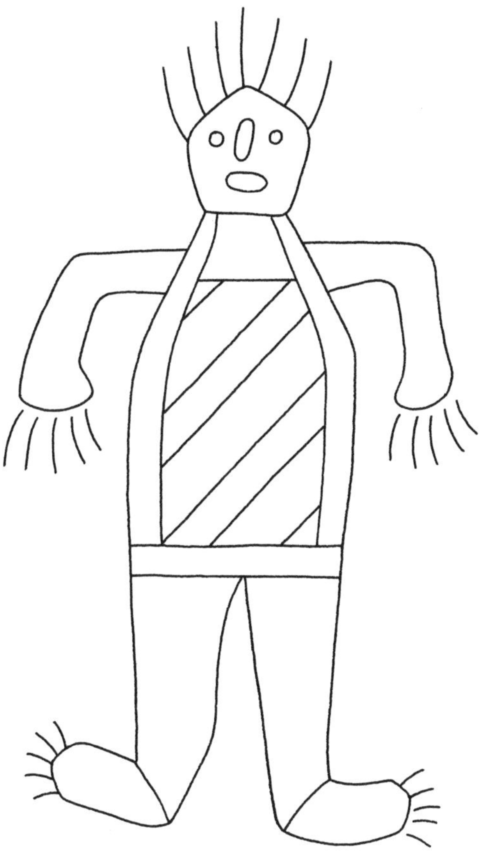

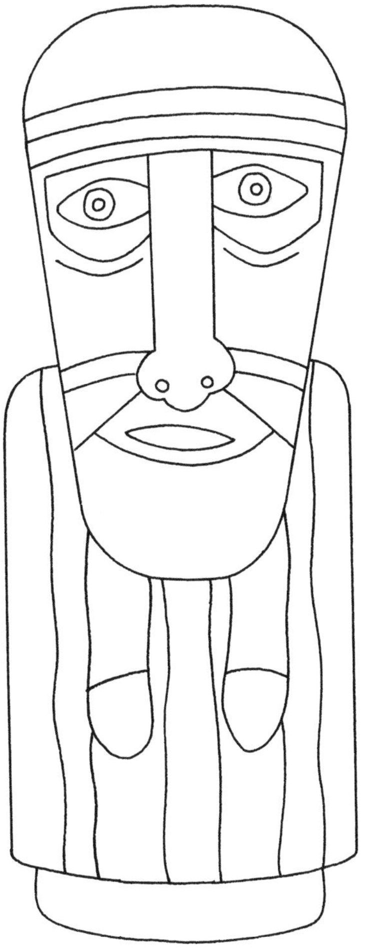

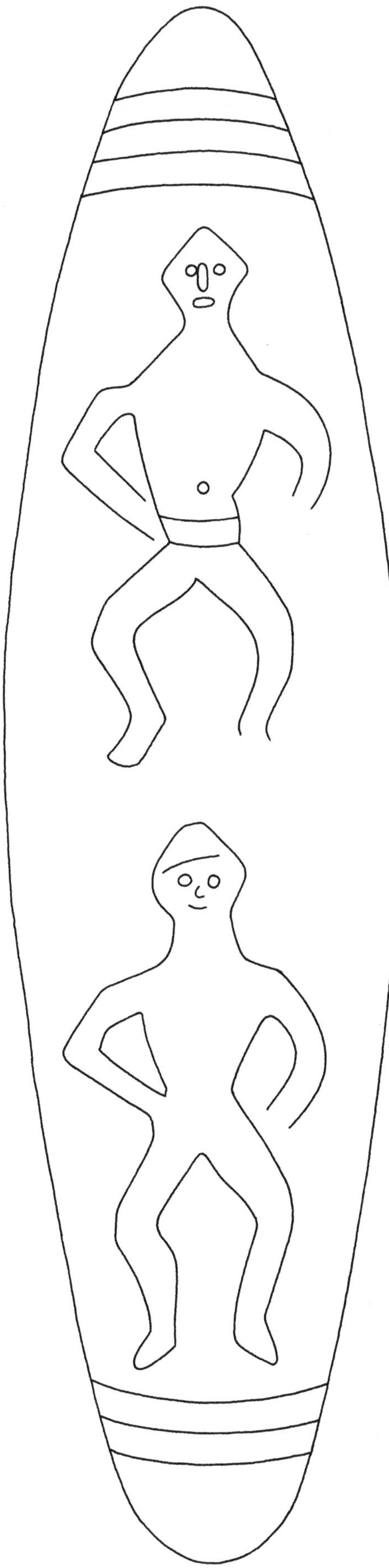

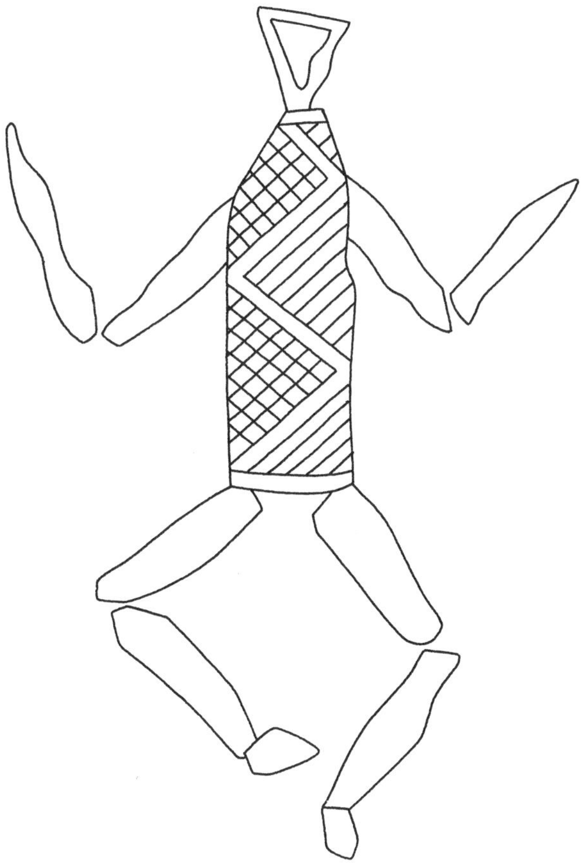
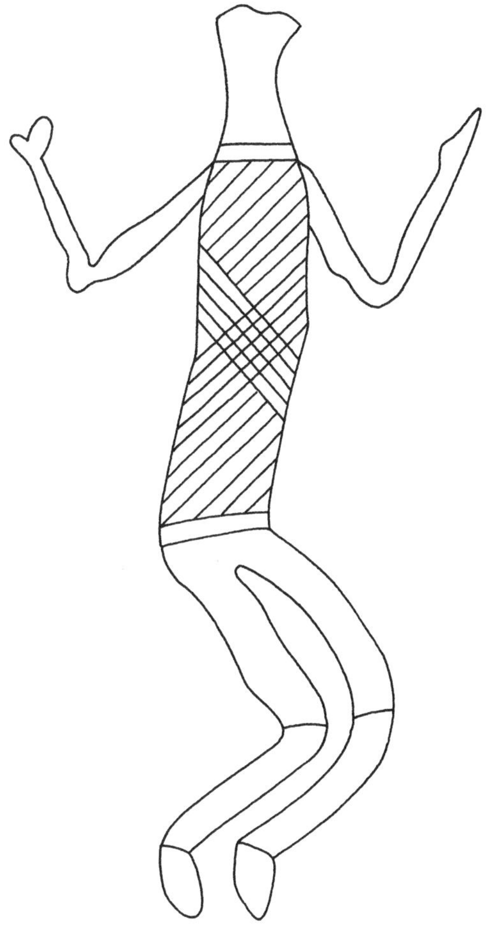
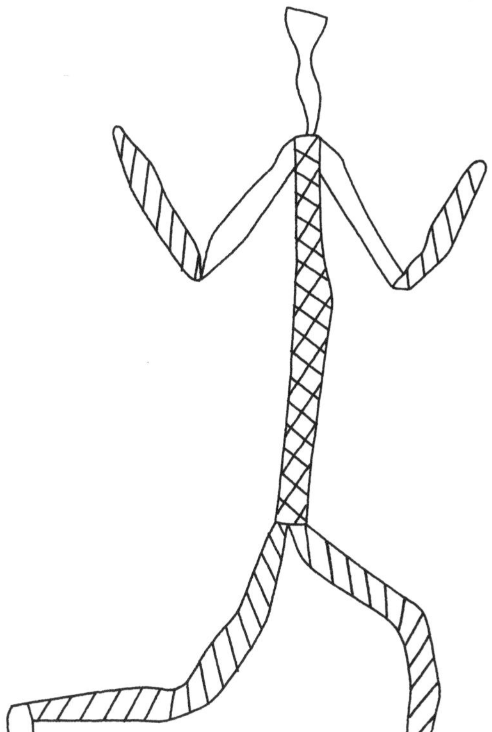
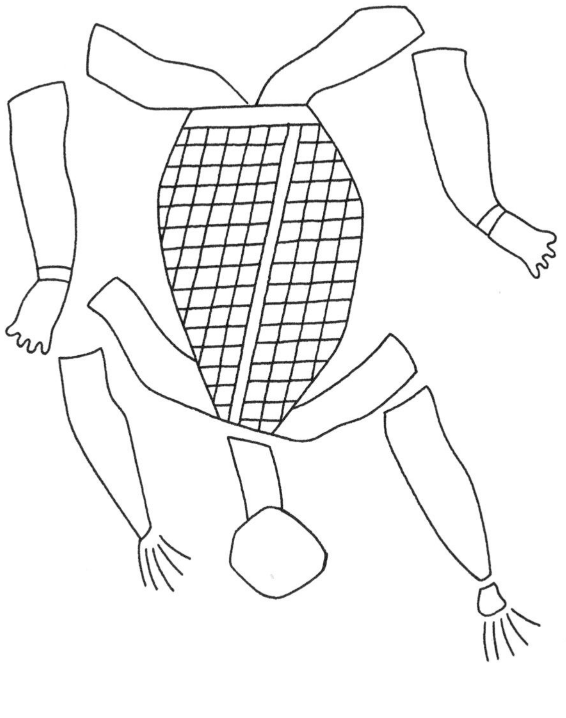